International
Communication

国际传播视域下的形象构建与媒体传播研究

杨　东◎著

九州出版社
JIUZHOUPRESS

图书在版编目（CIP）数据

国际传播视域下的形象构建与媒体传播研究 / 杨东著. -- 北京 : 九州出版社, 2025. 3. -- ISBN 978-7-5225-3942-3

Ⅰ. D6; G206

中国国家版本馆CIP数据核字第2025EZ4318号

国际传播视域下的形象构建与媒体传播研究

作　　者　杨　东　著
责任编辑　陈春玲
出版发行　九州出版社
地　　址　北京市西城区阜外大街甲 35 号（100037）
发行电话　(010)68992190/3/5/6
网　　址　www.jiuzhoupress.com
印　　刷　河北文盛印刷有限公司
开　　本　787 毫米 ×1092 毫米　16 开
印　　张　15.75
字　　数　179 千字
版　　次　2025 年 3 月第 1 版
印　　次　2025 年 5 月第 1 次印刷
书　　号　ISBN 978-7-5225-3942-3
定　　价　68.00 元

自　序

传统国家形象的塑造往往依托权威叙事与符号化表达，通过高度集中的传播体系传递统一的价值内核。然而，新媒体技术的普及打破了话语权的垄断，公众不再是单向接收者，而是成为内容生产与意义重构的参与者。这一转变推动国家形象从“静态展示”向“动态生成”转型——传播主体更加多元，叙事视角趋于平视，文化符号的诠释权逐渐从机构转向个体。在此过程中，如何平衡官方话语的权威性与民间表达的创造力，如何在碎片化传播中维系国家形象的整体性与连贯性，成为亟待解决的课题。本书以国际传播为切入点，力图在理论纵深与现实动态的交织中，探索国家形象构建的底层逻辑与创新路径。

人工智能、算法推荐与虚拟现实等技术，正深刻改变着媒体内容的生产、分发与接收方式。技术赋能虽提升了传播效率，却也带来了新的隐忧：数据驱动的流量逻辑可能挤压深度内容的生存空间，算法茧房或加剧文化认知的偏见，而虚拟场景的沉浸式体验则模糊了现实与虚构的边界。在此背景下，媒体传播需重新审视技术工具与人文价值的辩证关系——既需借力技术突破时空限制，更需坚守文化主体性，避免在追求传播声量的过程中陷入价值空心化的困境。

国家形象的国际传播始终面临“本土化”与“普适性”的冲突。过度强调文化特殊性可能导致传播隔阂，而一味迎合国际话语体系又易丧失自身独特性。破解这一悖论的关键，在于寻找不同文明的价值交汇点，将国家叙事嵌入人类共同关切的议题中，在全球叙事中寻求平衡之道。

国际传播的终极目标并非单向输出，而是深化跨文化的互鉴共融。随着全球权力结构变迁与技术伦理问题的凸显，国家形象的构建需超越工具理性，转向对人类命运共同体的价值呼应。这意味着传播实践需更注重倾听、对话与共情，在差异中寻求共识、在碰撞中激活理解，最终实现从“自我言说”到“多元共鸣”的升维。

本书试图在理论思辨与实践洞察之间架设桥梁，既剖析国家形象构建的内在规律，亦反思媒体传播的伦理边界。期待读者不仅从中看到策略与方法，更能感知到国际传播作为文明纽带的力量——既是国家软实力的投射，亦是不同文化主体在全球化浪潮中相互抵达的桥梁。

目　录

一、综　述

“全球化”是一个可以从政治、经济和传播学范畴研究的多元化概念。

1969年，布热津斯基在《两代人之间的美国》一书中首次使用了“全球化”一词，并阐释了这一概念：认为人们已不需要谈论“帝国主义”，因为世界正在向全球化社会的方向发展，最能证明这种社会的典型就是美国。我们在这里所关注的“信息全球化”是伴随着全球化进程而出现的，尤其是以经济全球化为基础而产生的，但是这种信息传播却并非仅仅局限在经济领域内，而是迅速扩展到世界各地的各个领域。媒介技术的发展，推动了国际传播全球化的进程：印刷术、电报、互联网的相继问世，为国际传播提供了先进的技术手段，对其全球化进程起到了加速作用。

国家形象是“国际社会公众对一国相对稳定的总体评价”，当今社会，由于国家形象的重要性越发突出，也就导致了各国对国家形象塑造问题的重视程度不断加深。国家形象在具备一定客观性的同时也具有很大的主观性，尤其在信息飞速发展的今天，人们的信息来源非常广泛，受传播的影响程度也越发加大，因此从某种程度上来说，对国家形象的主观认识就更加多元化和复杂化[①]。

随着信息传播的全球化不断发展，国际传播全球化逐渐呈现出了其

① 李良荣．国际传播学（第2版）[M]．北京：北京大学出版社，2018：45.

自身的特点，很显著的一点就是少数发达国家对多数信息资源的控制，英法美等先进国家通过其手中掌握的传播媒体的绝对优势，把持了国际传播的主要命脉，掌握了主动的话语权，他们可以把自身的意志强加到其他国家头上，把通过媒体传播出来的新闻经过加工变成他们手中的工具，以此来达到某些政治目的。而与之相反的就是，一些相对落后的发展中国家，由于经济和意识上的落后，导致了在国际传播领域的弱势，稀少的信息资源，匮乏的传媒技术和手段，保守的传播意识，都在一定程度上加大了与强国之间的“贫富差距”。追究各国争相获取国际传播话语主导权的原因，很大程度上根源于国际传播对本国国家形象塑造的作用。本章第一部分是信息化时代国际传播的全球化趋势和重要作用。首先对国际传播、国家软实力、国家形象的概念进行了界定，并分析国际传播的全球化趋势和国际传播在塑造国家形象中的作用与局限。第二部分分析了中国国家形象及国际传播发展现状，对中国国家形象的历史变迁和当前的国家形象进行了阐述，指出中国国际传播的现状与存在的问题主要是中国在国际传播中缺乏话语权、国际传播语境存在极大的不平等、传播理念冲突不利于中国国家形象塑造等。第三部分重点分析了如何利用国际传播塑造中国国家形象的构想：一是中国国家形象定位；二是中国国家形象的塑造，指出要树立和谐发展的大国形象、树立和平崛起的大国形象和负责任的大国形象；三是通过国际传播塑造国家形象的策略及手段。

伴随着中国经济的高速发展，我国城市的发展建设也日益欣欣向荣。党的十八大以来，以习近平同志为核心的党中央高度重视推进以人为核心的新型城镇化。解决新时代我国社会主要矛盾、推动经济高质量发展，推进以人为核心的新型城镇化是一个重要抓手。2019 年，我国城镇化水平超过 60%，首次进入城市社会时代。城市形象传播对于提升城市治理水平具有重要意义，与此同时，城市形象传播也需要在新的视角下拓展路径、改进策略。

进入融媒体时代，城市形象传播实践所面临的传播情境与传统媒体时代不尽相同。作为具有一定代表性的“新一线城市”，它们不仅在区域内具有较强辐射带动作用，而且它们的实践经验对于其他城市也同样具有借鉴意义。以“新一线城市”融媒体传播作为研究对象，运用文献研究法、案例分析法与文本分析法，从三个方面提出策略，包括主体层面、内容层面和媒介层面。在主体策略方面，应该由政府主导并鼓励多方参与传播，政府牵头对城市核心特质进行明确并包容多元的表达方式，城市内部主体和外部主体共同对城市形象进行塑造。在内容策略方面，应当对城市符号进行挖掘，配合对 IP 的打造形成传播元素信息库，叙事上既要严肃宏大，也要不失平民话语，内容的分发应利用技术提升传播效率并利用区域联动形成辐射效应。在媒介策略方面，应在整合渠道的基础上融合多种传播类型，形成全方位、立体化的传播阵势，同时构建场景营造受众的在场感。

在“新一线城市”形象融媒体传播实践当中也浮现出一些问题，包括生产与分发层面新旧媒体互动协同不足、监测与管理层面城市政府主导权的缺位、区域形象辐射带动作用发挥不充分等，对此提出了建立“中心—众包—协同”的生产与分发机制、深化政府对传播全流程的管理与主导、将城市形象传播与区域发展有机融合的优化对策，旨在为城市形象传播效果的提升提供一些借鉴与参考。

关于“城市”这一命题，不仅与每个人生活切实相关，同样也是近代以来各学科学者不断聚焦的研究领域。工业革命以来，社会的进步始终与城市的形成与发展有着一脉相承的联系，因此对于社会有所观察或有所关联的学科，都将城市这一领域纳入研究的视野。城市的存在充分体现了经济学中的集聚效应，作为地理上具有辐射作用的聚集地，城市这一最初来自地理学科的概念之区域，集聚了社会发展所必需的财富，包括物质与精神财富。城市化的进程最早出现在受到工业革命影响的资本主义国家，进入 21 世纪之后，随着全球化的加速以及发展中国家的经济发展获得赋能，城市化的进程也成为世界上大部分地区社会发展进程的缩影而不断加速。

作为世界第二大经济体，中国自改革开放以来持续快速发展。回顾我国经济社会的发展历程，城市化也是一个伴随经济高速发展而不断推进的过程。2018 年，中国社会科学院发布了《中国城市竞争力报告 No.16~40 年：城市星火已燎原》，报告研究认为，中国城市经过改革开放以来 40 年的发展，已经从 1978 年的星星之火发展到 2018 年的燎原之势。在这 40 年中，城镇数目迅速增加与规模急剧扩张并存，城市人口大量聚集与城市社会加速形成相伴，城市经济高速上扬与产业结构持续升级齐驱，城市空间快速蔓延与时空距离不断压缩同在，城市微观经济和社会治理日趋迈向现代化。报告同时指出，中国城市的多点开花和全方位崛起，不仅对中国，对世界，甚至对整个人类文明，都具有不可低估的意义。它直接推动着中华民族繁荣富强梦想的实现；它打破了传统社会发展的路径依赖，改变了世界的发展格局，支撑着国家的持续成功，加快了人类文明的进程。

在一个国家经济发展的早期，城市依靠对资源的集聚与利用可以与经济增长产生相互协同的作用。当城市化不断推进时，由于城市发展需要优质资源，因此就会产生资源分配与发展需求不相匹配的矛盾，不同城市间就会出现竞争。这一竞争集中表现为对有限资源的争夺，这也是城市可持续发展的要素和动力。近几年我们可以观察到，国内很多城市都推出各种优惠政策吸引资金、技术、人才落地，这也说明我国城市化进程已经进入到高质量发展阶段，城市之间对于持续发展所需要的优质资源的竞争也进入到了白热化阶段。

城市对于人才、资金和技术等的吸引力并不是由单一的因素所决定的，而是由现有经济发展水平、基础设施建设水平、营商环境与治理能力、产业结构、可持续发展的潜力等综合能力所决定的，而不同的资源之间同样也是具有协同效应和互相推动与增进的，所以如果期望在城市的竞争当中获得优势，就需要统筹布局，提升城市的综合竞争力。城市形象作为城市竞争力的一部分，日益受到重视，成为推动城市发展、获取竞争优势的一个着力点。本书从城市形象这一概念发轫，将代表我国城市较高发展水平以及具有一定程度“风向标”意义的新一线城市视作观察对象，分析城市形象在融媒体时代的传播的现状，对融媒体传播要素进行归纳，总结在传播中出现的问题，并提出城市形象融媒体传播的策略，以期对于未来城市形象的融媒体传播提供一些有价值的借鉴和参考。

城市化进程与经济和社会的发展密切相关，在研究领域中涉及社会因素的学科对于城市这一领域进行研究是具有必要性的。我国已进入高质量发展的阶段，城市如何获得可持续发展是很多学者所关注的问题。

为了获取竞争优势，城市综合实力的提升是一条行之有效的途径，而能够增进城市影响力与综合实力的城市形象传播也日益受到多学科学者的关注。从新闻传播学科的角度来看，当今社会已经进入融媒体时代，信息传播过程较之前发生了巨大改变，在这一背景下，对城市形象传播的研究就具有了理论和实践上的双重意义。

从理论层面来说，通过文献整理可以看出，目前对于城市形象相关的理论研究主要基于如下几个视角：第一种是基于最为传统的关于城市形象定义对其进行分析，即从建筑学角度出发，涉及城市规划、城市建筑与景观、城市环境治理等话题。第二种是从经济学与管理学出发对城市进行研究，比如将城市视为区域经济学的要素，或者从市场营销的角度探讨如何将城市作为一种商品进行推广。第三种是从地理学角度出发，对城市的地理相关因素进行研究，并从旅游管理的角度探讨如何吸引游客，提升游客心中城市作为地理概念的旅游形象。

新闻传播学科对于城市形象及其传播的文献资料相比其他学科偏少，目前主要关注城市形象的定位、城市形象广告或者对宣传片的分析、基于案例的城市形象传播的状况分析与提升策略等话题，缺乏系统性，未在学科之上建立起城市形象传播的成熟框架。此外，本学科对于城市形象传播的研究也多是基于传统的传播背景，对融媒体时代的城市形象传播研究具有明显的碎片化特点。比如近两年短视频平台火热，利用短视频进行城市形象传播受到了普遍关注，相关论文数量也不少，但短视频只是融媒体时代新兴的一种媒介形式，现有的研究并未对此进行更加深入和更为系统的研究。本章力求在理论层面进行一定补充。

从实践层面来说，对城市形象传播进行研究也具有现实意义，理论来源于实践并作用于实践，适时地进行总结归纳有助于我们获得宝贵经验并弥补实践中的不足。党的十八大以来，党中央、国务院对新型城镇化工作高度重视。2013年，自改革开放以来第一次召开了中央城镇化工作会议；2014年，党中央、国务院印发了《国家新型城镇化规划》；2015年，召开中央城市工作会议；2016年，国务院印发《关于深入推进新型城镇化建设的若干意见》，对新型城镇化工作作出了全面部署。习近平总书记在党的十九大报告中指出，“要以城市群为主体构建大中小城市和小城镇协调发展的城镇格局。为了在新型城镇化建设进程中抓住机遇，协调发展，各城市要积极行动起来，综合提升自身竞争力，而软实力也是城市竞争力的一个重要因素。“本书着眼于新一线城市，对其在融媒体环境下的城市形象传播策略进行归纳。由于城市的发展会遵循一定的路径和规律，这些发展水平较高的城市所获得的经验与总结，对于其他城市的城市形象融媒体传播实践是一笔不可多得的宝贵财富。

本书是基于传播学视角的研究，所以对于从传播学出发的城市形象及传播相关研究的几种类型进行综述，大致有以下几个侧重点。

张鸿雁在其著作《城市形象与城市文化资本——中外城市形象比较的社会学研究》一书中提出，建构城市形象的重点在于创造城市所属的文化符号并向外传播，这样可以使外界对于城市形象有良好的整体认知。好的城市形象体系需要开发合理、科学的传播模式，这样可以使受众产生具有完整性的城市形象，使其产生理念的“主观共享”。他认为城市形象传播的过程并非简单直观的，要从城市内部、城市影响区、国内区域和国际区域四个市场范围进行城市形象的推广[①]。他从文化资本的

① 郭庆光．传播学教程（第5版）[M]．北京：中国人民大学出版社，2019：112.

角度对城市形象建构进行了定义，并对于传播过程的复杂性以及传播范围阐述了观点。学者从文化符号的层面对城市形象进行解读，体现了城市形象在文化层面具有意义以及其所具有的非物质属性，并且指出城市形象传播是一项复杂的工作，需要在传播中对市场进行细分，以不同的重点与策略面对不同的传播区域，不过这种观点忽略了城市形象本身所蕴含的物质属性。

何国平在《城市形象传播：框架与策略》一文中提出城市形象传播的理论框架，他认为在城市形象传播主要在于城市定位以及形象元素的组合，传播过程中这两者受到自塑以及他塑而不断变动最终形成相对最优的方案组合，这一理论框架模型包括利益相关者策略、城市营销策略、大众传媒策略和文化策略及其相互作用。作者创新性地提出了城市形象。传播的框架，将一项复杂的工作拆解为几个模块，这对城市形象传播研究提供了清晰的思路，并且提出了城市形象的塑造不仅是由自身一方所决定的，而是互动的过程，指出了城市形象传播的长期性和动态性，表明了城市形象传播不是一蹴而就的，也不是一种说服性的宣传活动。

刘芬、于志涛的《城市形象传播误区与辩证理念的创新》一文则将辩证法引入城市形象传播的研究，运用了普遍联系、感性认识与理性认识以及矛盾特殊性等理论，创新地提出了城市形象传播辩证理念。同时还指出了城市形象传播中出现的，比如个性化不足、只强调视觉形象、轻视文化底蕴等问题。这篇文章在理论方面具有创新性，对城市形象传播进行了形而上的解读，使这一领域涉及的理论更为深刻，同时作者没有忽略这一领域与实践的紧密关系，指出的问题都具有极强的现实性。

城市形象传播是一个与现实的实践活动具有紧密联系的研究领域，因此基于案例从现实层面对于城市形象传播活动进行分析的文章数量也有很多。这类文章选取具有一定代表性的城市作为研究对象，对该城市形象传播实践进行全面考察或对某一侧面进行分析，从中提炼出具有参考及借鉴价值的经验，并对实践活动中出现的问题提出具体的应对策略与解决方法。

杨琳、许秦在《基于场域理论的国际马拉松赛与城市形象传播策略研究》一文中以西安国际马拉松赛作为个案，从传播仪式与场域理论出发，分析马拉松赛事作为传播场域在城市形象传播中所产生的作用及效果，探索国际马拉松赛事中的城市形象传播的策略。

顾远萍、丁俊杰在《吉林省城市形象影响因素研究——基于公众感知的探索性因子分析》一文中运用问卷调查从公众感知的角度对影响吉林省城市形象的因素进行了探索性因子分析，结果显示，科技创新与企业发展、政府形象、吉林人形象、自然环境、制度环境、人文环境和建设风貌是影响吉林省城市形象的主要因素，并结合吉林省的发展实际对研究结果进行了讨论并提出了相应的改进对策和建议。这类研究选取特定的研究对象作为案例，并从城市形象传播的视角加以研究，基于不同的理论支点，丰富了城市形象传播领域的案例库，也为之后的研究者提供了新的思路。

樊传果在《城市品牌形象的整合传播策略》一文中提出要积极开展城市品牌形象的整合传播活动，这里所涉及的“整合”是指要对可利用的媒体充分使用，重点凸显了对电视、互联网、报纸、户外媒体等的应用，从而对于媒介在这一领域的地位进行了强调。作者将整合营销传播理论应用于城市形象传播领域，并系统地对媒介的应用进行了总结，体现了城市形象传播的复杂性。

李宗诚在《节事活动与城市形象传播研究》一文中将节事活动视为一种媒介，认为其是能够集中展示城市风貌、多层次传播城市信息的媒介，对城市形象传播具有独特的聚媒效应、口碑效应、名片效应以及改善效应，因此要通过新闻传播策略、系列化传播策略等手段来提高节事活动传播城市形象的效果。以往在城市形象传播领域提到的“媒介”，所指的基本是大众传播媒体，而作者将节事活动这一类实体性的仪式也视作媒介，体现了对传播概念的拓展。

龙莎、汪青云的《新媒体在城市形象传播中的运用》同样从媒介对于城市形象传播的重要性角度进行研究，介绍了网络媒体、手机媒体、移动媒体等在城市形象传播中的作用。龙莎、汪青云的研究表明单纯依靠某种媒体来传播城市形象已经无法覆盖大部分的目标受众，并且传统媒体受到自身局限也不能完全展示出城市形象，因此需要充分利用各种新媒体进行整合营销传播。作者在刚进入新媒体时代之时就对城市形象传播展开了研究，并指出新媒体对于城市形象传播的重要作用，此时的传播环境已经发生改变，受众的选择也开始变得多样，传统媒体时代的单一媒体也已很难覆盖大多数的受众。在这之后，学者对城市形象传播的研究也进入了新的时期。

叔翼健在《新媒体时代城市形象的建构路径》一书中提出，城市形象是由实体形象与媒体形象相互作用而形成的综合表征，并从新媒体媒介形态出发，从城市形象定位、城市宣传片的创意、城市政务新媒体传播、城市节事活动传播以及城市形象危机事件预防与处理等几个方面归纳出建构城市形象的路径。作者对于城市形象的概念更加完整，体现了物质与非物质的属性，同时指出建构城市形象的路径也更加丰富，展现了新媒体时代的新特点。

20世纪60年代初，美国社会哲学家刘易斯·芒福德在《城市发展史：起源、演变和前景》一书中对于城市形象等概念提出了自己的观点。他认为“城市形象是人们对城市的主观印象，是通过大众传媒、个人经历、人际传播、记忆以及环境等因素的共同作用而形成的”。芒福德对于城市形象的理解已经较为成熟，对其复杂性也进行了表述，但是对于城市形象的定义还是比较狭隘的，没有区分其与人们主观感受的区别。

20世纪80年代，埃什沃斯和菲利浦·科特勒将营销学的理论作用于对城市问题的分析，并从这一角度对城市形象传播进行了论述。菲利浦·科特勒在其《场所营销：城市、区域和国家如何吸引投资、产业和旅游》一书中提出了“营销城市”的概念。他将城市视为商品，将传播的受众视为消费者，以营销学的框架进行分析，认为营销城市即打造城市品牌，通过一系列传播活动增加城市在受众心中的分量，对受众产生吸引力。他还指出广告在营销过程中是一种非常有效的传播手段。将营销学理论用来研究城市形象传播，对于这一领域实践性的提升具有重要的意义，为城市的自我营销提供了指导，在此之后以营销的视角看待城市形象传播一直是一种常见的思路，但是城市毕竟不是商品，营销学的理论也不能完全适用于城市形象传播，尤其是在我国传播活动具有意识形态属性的状态下，因此我们要对完全商业化的行为批判性地看待。

20世纪90年代，埃什沃斯和沃德将城市规划与营销理论加以组合，提出了城市形象战略，包括城市产品的形成、城市形象塑造和城市形象营销三个组成部分。霍尔提出“定位说”，他对英国新城市地理进行研究，认为城市形象包含主观评价性，因此有正面与负面之分①。

2000年之后，美国学者凯文·莱恩·凯勒研究了城市形象与城市品牌的关系，他阐述了城市品牌化的重要作用，认为城市品牌化能够使人们认识并了解一个城市，同时将某种形象与一些好的联想自然地与城市联系起来。这一思路是营销思路的延续，但是并没有系统地进行阐述。

城市是一个复杂的有机体，最初人们对于城市的理解是基于它的行政或地理属性。与古希腊罗马的城邦不同，现代城市的出现是由于工业革命的发展，生产力得到了极大提高，又由于社会分工的出现以及生产资料的集中，使得民众开始在一些地方聚集起来生活与工作。随着城市的发展和学者关注的日益增多，有识之士发现城市不仅仅只是地理上人们聚集生活、工作的地方，而且其还孕育了独特的文化；不同的城市之间也产生了不同的特质，甚至居住在不同城市的民众也产生了思想和认知上的差别。因此，对于城市的研究，其文化取向成为学者研究的重点。

而对于城市形象，学者们的理解同样是由表及里、逐渐深入的，虽然截至目前仍没有统一的定义，学界和业界关注的侧重点也各不相同，但对于其所包含的一些基本价值是可以取得共识的。“城市形象”这一概念诞生于国外，最早由美国学者凯文·林奇提出，他认为城市形象是通过人的综合“感受”而获得的，其突出的贡献是将城市形象置于社会文化和城市总体发展的视野内。作为城市规划学家的他，虽然将城市形

---

①王庚年．国际传播与国家形象（第1版）[M]．北京：中国传媒大学出版社，2015：203.

象和人的主观感受联系了起来，但他将城市形象的要素归纳为和城市规划相关的物质形态，而将人的主观感受仅仅局限于视觉的感知，这是对城市形象静态、简单的理解。虽然他的定义处于初级阶段，但为之后的研究奠定了基础。

在20世纪后期，对城市形象的研究从基于城市规划和景观的视角逐渐转向社会学、市场营销、传播学等多学科交叉的领域。这一概念进入中国之后，我国的一些学者也对其进行了定义。学者张鸿雁、刘湘萍对城市形象的定义是"城市是自然、人文诸要素在公众头脑中形成的总体印象。它包括城市社会文化、经济发展水平、环境生态、城市发展比较优势、城市规划等内容，是整个城市社会经济发展战略的重要组成部分"。黄景清在《城市营销100》中也对城市形象给出了自己的定义："城市形象是客观反映一个城市的建筑风貌、历史积淀和城市市民精神状态的综合体现，也是人们对城市的综合性印象和评价。"

从以上的定义可以看出，城市形象具有物质与精神两重属性，是客观呈现与主观感知的对立统一体。也就是说，对于城市形象的认识既要关注其物质属性，即城市规划、景观设计、建筑风貌等，同样也要关注其精神属性，即文化认同、情感连接、空间想象等。而城市形象的构建要依靠可感知的客观内容加以呈现，最终要形成受众主观的感知，两者是城市形象的不同侧面。城市形象传播即是将主客观加以连接使之产生互动，提升城市的可沟通性，从而在受众心里形成对于城市的总体认知和评价的传播活动。

"新一线城市"是近几年经常见诸报道的词语，公众对其具有一定的认知，但这一概念并非学界提出，而是由媒体提出的基于商业指标的排行榜。“新一线”这一城市概念最早是由《第一财经周刊》在2013年根据城市经济发展潜力以及城市商业魅力大小对城市进行重新分级提出来的，“新一线城市”引起大批学者关注是在2016年由华夏经济学研究发展基金会等主办的“新一线城市”研究与讨论会上。研讨会从推动新型城镇化进程、供给侧改革和中国经济转型进程的角度出发，提出加快建设“新一线城市”是重塑中国经济新动能的有效应对策略。可见，“新一线城市”的概念受到关注与社会经济发展和城镇化推进有着重要关系。

“新一线”城市的评价指数经过调整，目前已经稳定为商业资源集聚度、生活方式多样性、未来可塑性、城市枢纽性、城市人活跃度，而下面的二级指数及其权重每年还会进行调整，由不同领域的专家进行打分，最后形成榜单向社会公布。2023年最新的“新一线”城市名单是成都、重庆、杭州、武汉、苏州、西安、南京、长沙、天津、郑州、东莞、青岛、昆明、宁波、合肥。“新一线”城市名单每年都会有所变动，但是通过观察可以发现，始终有一些城市稳定地处于榜单之中。

“融媒体”这一概念是由“媒介融合”（或称“媒体融合”）发展而来的。关于媒体融合，并没有公认的准确定义，由研究的立足点和旨趣不同，其可分为几种不同的研究类型。对于“媒介”或“媒体”，我们可以基于传播学科的视角，从结构功能主义出发将其理解为传播新闻或者信息的传统媒体和新媒体。至于“融合”，著者综合各方的研究成果，将其核心内容归纳如下：媒介内容的融合、传播渠道的融合、媒介终端的融合。我们可以认为，媒体融合是指各种媒体形态的边界逐渐消融，多功能复合型媒体逐渐占据优势的过程和趋势。它不是单纯媒体形态的融合，而是一种全方位、深层次的融合。

而对于“融媒体”，对其理论本身的研究较少，对其内涵和外延也没有公认的明确的解释，现有的研究也多集中在实践层面，和媒介融合等概念杂糅使用。本书中提到的融媒体传播，主要是指在政府的统筹规划之下，由多元主体参与的、通过各种媒介形态对形式多样的可呈现内容进行传递的，与受众构建关系、增进沟通，使之产生主观的综合感知与评价的活动[①]。

（一）信息化时代国际传播的全球化趋势和重要作用

1. 国际传播、国家软实力和国家形象概念的界定

（1）国际传播的界定

国际传播是指当今世界不同民族和国家的个人和组织之间跨文化的信息交流与沟通现象。与一般的大众传播相比较，首先，国际传播的传播主体和传播对象，即传播者和受传者一般分属不同文化、不同民族和不同国家，因而具有对外性、跨国性和国际性的特点；其次，国际传播在传播的功能上主要是强调其协调作用，即通过国际传播达到不同文化民族和国家的个人、组织之间的沟通、理解与协调[②]；再次，国际传播利用大众传播的所有手段和工具，根据其特殊的传播对象而更为强调传播的内容和效果。有学者指出，从国际关系的角度来看，国际传播是指特定的国家或社会集团通过大众媒介面向其他国家或地区受众所进行的跨

① 陈力丹 . 舆论学：舆论导向研究（第 3 版）[M]. 上海：上海交通大学出版社，2017：156.

② 刘建明 . 国际传播与国家形象构建（第 1 版）[M]. 北京：清华大学出版社，2016：89.

国传播或全球范围内传播，它也是世界各国、各地区政治、经济与文化发展与综合实力的一个局部的具体体现[①]。另外，也有学者指出，国际传播是指以民族、国家为主体而进行的跨文化信息交流与沟通。国际传播有广义和狭义之分，广义的国际传播是指国与国之间的外交往来，包括首脑互访、双边会谈以及其他相关事务。

从以上不同的定义可以看出，国际传播是以国际关系主体相互之间，特别是以民族、国家为主体而进行的跨国界的信息交流与沟通。它可以包括国与国之间、区域与区域之间、各政治经济文化集团之间、各民族之间，全方位、多层次、多渠道的交流，其目的在于加强沟通和交流，增进了解。

国际传播的重要特点是具有很强的政治性，国际政治和国际关系占据着核心地位。这是因为它与国家或民族利益紧密联系在一起。国际传播充满着各国国家利益或民族利益的矛盾、冲突、妥协的关系。在现代社会，大众传媒在国际传播领域扮演着重要的角色：第一，它执行对内报道的功能，不断地将国际社会的重要事件和变化传达给本国社会；第二，它执行对外报道的功能，担负着宣传本国的政治、经济、文化以及对外方针和立场的重要任务。在国际传播中，传播主体大多是以国家社会代表的身份出现的，而大众传播的报道也都是服务于本国利益的。国际新闻报道的“把关”研究和内容分析表明，西方传媒在国内政策上也许与政府有着这样那样的分歧，但在外交政策上却与政府保持着高度的一致，这也说明了国际传播的政治性。因此，日本学者生田正辉指出：

---

① 曼纽尔·卡斯特．网络社会的崛起（第2版）[M]．北京：社会科学文献出版社，2006：234.

国际传播的首要特征，是它与政治有着极为密切的关系，它是一种由政治所规定的跨国界传播。可见，在当代国际传播环境中，媒体与政治存在着千丝万缕的联系。

（2）国家软实力概念的界定

20 世纪 80 年代末，美国著名的国际政治专家约瑟夫·奈最近提出了“三维棋局”的理论和软实力的理论。约瑟夫·奈认为，软实力是指一个国家在意识形态、文化魅力和道德诉求等方面所表现出来的精神力量，是通过吸引、同化的方式，让别国“去干他们想干的事情”。这些理论的提出虽然是以维护美国超级大国地位为最终目的的，但对其他国家应对国际政治变化，加强本国的软实力建设有若干重要的启示。

约瑟夫·奈在他的著作《硬实力和软实力》以及《软力量——世界政坛成功之道》中系统地阐述了软实力的概念，将软实力形容为“力量的第二层面”。一个国家在国际社会中的地位不仅仅是靠其经济和军事力量来确立的，而是还要在国际社会中有一定的政治影响力和威望，让其他国家视其为榜样，这属于国家软实力的范畴。因此，国家软实力是一种能够影响他人喜好的能力。国家软实力不只是劝说或者以理服人的能力，还包括吸引人的能力。国家软实力靠的是使用不同的手段（既非武力，亦非金钱）来促进合作，即由共同的价值观产生的吸引力，以及由此而产生的正义感和责任心。

比较软实力和硬实力之间的区别，我们可以看到软实力自身存在的特点在于：首先，软实力使用软性的吸引和说服作为手段，这种更为隐蔽的方式，更容易被作用者认可，从而在一定程度上降低了被作用者的抵制和反感情绪，较容易实现预期目标。软实力的作用方式突破了传统的强制性手段，特别是在当今世界，大国纷纷使用的武力镇压以及经济制裁等手段的代价日益增高，相比之下，软性说服和吸引的成本就显得较为低廉，并且达到预期效果的成功率也高。其次，软实力以一种善意平和的姿态出现，表现了一种国际道德。再次，软实力的应用方式具有灵活多样、善于变通的特点，相对于硬实力仅限于军事打击或者经济制裁的方式而言，软实力可以通过制度、文化、政策等多种渠道取得成功。历史证明，没有哪一个国家，特别是大国，纯粹是通过物质性成长而崛起的，在任何国家的发展过程中或多或少都包含有一定的社会性，是一个社会化的过程。国际政治的社会性主要是指国家间的相互依赖性和国家行为会受到国际社会的政治文化的制约。国家社会化的过程，就是这个民族或国家接受国际社会的基本规范与法律准则的过程，也就是国际政治文化内化的过程。

（3）国家形象概念的界定

国家形象是多层次立体的糅合与渗透，因此凡是能够表现一个国家国民特性和综合特征的要素都可以被看作是国家形象的具体体现。确切地说，国家形象是“国际社会公众对一国相对稳定的总体评价”。

国家形象具有二重性，即兼有客观性与主观性。一方面，国家自身的客观情况是国家形象的基础，它包括一个国家的政治、经济、军事、文化等多方面的内容，这方面的感知取决于国家本身。只有真正具备良好品质，才能拥有良好的国家形象。反之，即使通过其他特殊手段营造出为了掩盖事实而塑造的虚假形象，这种“虚假”最终也会被“事实”识破，从而招致更坏的国际影响。另一方面，国家形象可被定义为一种主观感受，这种感受是受人们的主观情绪所影响的，可以说在一定程度上受着人们主观喜好的左右。这种影响可能造就与事实相符的国家形象，也可能造就与事实不符的国家形象。由于人们在思想意识、所处环境、信息来源等方面存在着差异，因此最终得出的关于国家形象的主观感受也自然不同。从这个意义上说，国家形象并非完全是一种真实客观的事实反映。

国家的客观性意味着国家形象需要展示，国家形象的主观性则意味着国家形象需要引导。因此，我们在构建国家形象的时候，既要重视国家自身的现实和事实基础，也就是国家的真实情况展示，也不能忽视主观形象的塑造。对于国家形象的主观塑造，媒介传播的引导作用至关重要，这是因为媒介传播对于国家形象塑造在深度和广度上都有很大的发展空间，因此我们必须重视在国际传播视角下对国家形象的构建。

2. 国际传播的全球化趋势

（1）国际传播全球化的基础

国际传播全球化是以经济全球化为基础和先导，不仅仅局限于经济领域的信息全球化。“全球化”是一个可以从政治、经济和传播学范畴研究的多元化概念。1969 年，布热津斯基在《两代人之间的美国》一书中首次使用了“全球化”一词，并阐释了这一概念：认为人们已不需要谈论“帝国主义”，因为世界正在向全球化社会的方向发展，最能证明这种社会的典型就是美国。我们在这里所关注的“信息全球化”是伴随着全球化进程而出现的，尤其是以经济全球化为基础而产生的，但是这种信息传播却并非仅仅局限在经济领域内，而是迅速扩展到世界各地的各个领域。此外，随着印刷术、电报、互联网等媒介技术的不断发展，也大大推动了国际传播全球化的进程。

（2）国际传播与信息全球化的现状和发展趋势

20世纪80年代，以“信息高速公路”的兴建为标志的第二次信息革命，揭开了信息全球化时代的新篇章。自此，“地球愈紧密地联结成一个整体，国家之间、区域间的信息传播和处理可以在同一时间完成。新闻媒体传播的这种即时、共时的特征，不但改变着传统媒体的传播理念及运作方式，对同样以大众传播为支柱，以国家利益为主导的国际传播的影响也不可轻视”。面对以信息无疆界流动为内在需求的信息全球化浪潮，作为由国家利益驱动并由国家控制的国际传播也出现了全球化的浪潮。

全球化时代，信息传播技术的高速发展是一把“双刃剑”。卫星传输技术和数字压缩技术的发展使得以美国有线电视新闻广播网（CNN）为代表的国际电视开始崛起，国际传播的触角进一步向全球延伸。20世纪末，连通全球约200多个国家和地区的互联网异军突起，并以其无国界、超链接、开放性、快捷性等特点极大地加速了全球范围内信息的即时流动，拓宽了信息流通的领域。如今，由国际通讯社、国际广播、卫星电视和互联网等组成的国际传播体系可谓无处不在、无时不在，信息流通在一定意义上实现了全球普遍享有。

各国通过信息全球化构建自身国家形象更加便捷：第一，传播媒介和技术的飞速发展打破了大国对信息资源的垄断，使得一些在信息资源控制上处于劣势的国家降低了参与信息传播竞争的成本，从而使国际传播格局朝着多元化方向发展；第二，通信、广播、电视、互联网等传播媒介的多样化也在一定程度上突破了发达国家的“落地”障碍，信息大量、迅速地传播到世界各地，各国的真实情况展示更加透明化；第三，信息传播媒介的多样化带来了民众接受信息的渠道多样化，受众可以在比原来更广阔的信息空间了解到更多的信息，并具备一定的自由舆论空间，大大降低了原来单一传媒方式下的信息垄断限制。

但是，我们在享受信息全球化给我们带来的巨大便利和自由空间的同时也必须认识到，信息传播技术的空前发展，带来了信息控制复杂化和信息流量不平等的问题，对国家的信息安全、保持文化独特性以及本国在全球传播中的话语权构成了挑战。

3. 国际传播在塑造国家形象中的作用和局限性

（1）国际传播在塑造国家形象中的作用

第一，国际传播丰富了外交中的信息资源。外交本身是信息的收集与整理、传递的工作，直接关系到一国的国家形象问题。外交是政府机构之间互通政治信息的一种活动，外交人员的任务就是为国家和政府尽可能地提供一切情报信息，并经过分析和加工传递给政府，以此来作为国家制定外交政策的依据。国际传播的全球化就为政府的外交人员提供了更多的信息来源渠道，这种全球化使信息在全球范围内无障碍地传播流动，有关于国际关系和国家外交的新闻是各国记者与传播媒介全力搜集的对象。外交人员通过广播、电视、网络等传播媒介每天不间断地获取他们所需求的信息。当然，这种信息并非单纯的原始信息，而是通过传播媒介“加工”过的信息，新闻媒介在对信息进行报道之前，能综合各种客观因素对信息加以分析并得出最后结论。从这个意义上来说，各国的外交人员通过这种渠道所获得的信息量更加丰富了，据此而制定出的外交政策依据也更具说服力。因此，我们必须重视通过传播媒介来“加工”信息，因为这种加工可以使信息资源实现某种程度上的成倍增长。

第二，国际传播对国际关系产生了深远影响。国际社会中某些重大事件往往是国际传播关注的重点，国际传播通过舆论影响来关注国际事务，这种舆论影响能形成一种推动力，推动国际事务朝既定方向发展，从而对国际关系产生深远影响。西方社会的大众传播经常被称作行政、立法、司法之外的“第四权力”或“无冕之王”。在当今社会，国际传播在全社会的影响日益加深，媒体的报道内容便是公众的接受内容。可以说，传播媒介的报道立场很大程度上决定了公众的立场。很多时候，媒体报道的重点便是公众认为的重点，媒体认为对公众就认为对，媒体认为错公众就认为错，公众经常会遵从媒体的舆论立场和价值导向，媒体与公众之间已经产生了一种深刻的默契。

第三，国际传播影响和改变着国际关系的发展进程。当今社会的媒体已经不仅仅是传播和报道信息的工具，而是逐渐朝着改变国际关系的方向发展。媒体越发深入地参与到国际事务的处理之中，他们为国际事务的决策提供参考依据，影响着国际事务的发展进程。各国外交政策的制定也越来越受到国际传播的影响，因此制定过程也变得更加烦琐，国际传播的舆论影响力已经渗入到外交政策制定的领域并发挥着作用。可以说，当下的国际传播打破了传统的国际政治格局，它已经不仅仅是单纯报道新闻的工具，而是越发成为影响国际关系和外交事务的因子。一个最明显的事例是，当电子信号传输的信息以广播、电视、互联网等形式毫无阻拦或冲破阻拦出现在别国境内时，传统意义上的国家边界实际上已不复存在，与此相关的一些概念如侵略、主权等也变得模糊不清。

（2）国际传播在塑造国家形象中的局限性

强调国际传播在构建国家形象中的绝对重要性，并不意味着国际传播手段的绝对有效性。过分扩大传播影响力的典型“魔弹论”或“靶子论”认为，一盘散沙、互不关联的受众在强大的传播攻势面前只有应声而倒、束手就范，从而产生媒介所预期的效果。现代研究结果表明，作为受众的人是具备主观能动性的，他们对信息的接受不是完全被动的，他们会自主选择接受哪些信息，然后自己分析，利用自己的价值观来判断新闻的立场。这种研究结果肯定了人的主观能动性，否定了片面夸大新闻传播的绝对有效性的说法。如果要形成舆论，就要考虑到接受媒介的影响并不必然导致人的行为和思想的改变；要造成一个足够的和必需的受众效果，一定要使媒介的传播行为和其他被媒介化的因素共同发挥作用。

事实上，作为塑造国家形象的国际传播，其目的就在于通过文化信息和价值观念的交流互动，产生文化影响力和吸引力，激发他国的认同感，建构起与他国之间积极的身份认同关系，在国际社会树立起良好的国际形象，最终达到维护国家利益的目标。按照本书前面的分析，国际传播因素只有通过文化（也就是共有观念）的改变来推动行为体身份的变化，从而实现国家形象的改变，可是文化本身具有保守性质，结构的变化是困难的。建构主义代表人物温特认为，无政府体系至少有着三种文化：霍布斯文化、洛克文化、康德文化。这三种文化基于不同的角色关系——敌人、竞争对手、朋友，其中任何一种文化都是自我实现的预言，一旦存在就会再造自我。温特强调，虽然把国际体系结构定义为观念分配要求我们注意这些观念以及与之共生的“无政府逻辑”是可能变化的，但是这个模式的含义绝不是说结构变化在给定的历史条件下是容易的事情，有时这样的变化甚至是不可能的。

（二）中国国家形象及国际传播的发展

1. 中国国家形象的历史变迁及现状

（1）中国国家形象的历史变迁

中国是一个拥有五千年灿烂历史的文明古国，中世纪晚期的《马可波罗游记》让西方世界对中国浮想联翩：广袤的疆域、祥和的政治、繁华的城市、发达的商贸、便捷的交通……“自近代中国国门被洋枪洋炮强行打开以后，中国形象从世俗天堂变成了停滞、封闭、堕落的东方地狱，国家形象一落千丈，否定形象占据了主导地位”。中国得以重新以一个独立自主的形象站在世界人民面前是在 1949 年新中国成立之后。在新中国成立之初，中国共产党在外交政策上提出了“一边倒”“另起炉灶”“打扫干净屋子再请客”的基本方针。这是在战后东西方对峙的大背景下中国地缘政治所做出的必然选择，对于新中国的国家形象起到了正反两方面的效果：一方面，中国“一边倒”的形象迅速赢得了苏联、东欧社会主义国家的认同，有助于新生政权站稳脚跟。中国对亚非拉等第三世界国家人民的友好立场使我们以友好的合作伙伴形象出现，对于这些国家来说，我们是朋友，促进了中国形象的塑造进程，让更多第三世界国家的人们更加支持和认同中国。从另一方面讲，在这一外交政策的影响下，新中国与西方世界的“沟壑”日益加深，中国被西方主流媒体日益“妖魔化”，西方国家对中国充满了怀疑和疑虑，为中国国家形象在世界范围内的认同增加了难度系数。

（2）当前中国的国家形象

随着改革开放的不断深入和经济社会的迅猛发展，中国是世界的机遇还是世界的威胁，成为各国关注中国的焦点。中国如何为自身发展营造一个良好的国际环境，成为一个极具现实意义的问题。

中国正面的国家形象主要反映在以下几个方面。一是作为和平发展的中坚力量的形象。纵观世界大国成长史，一个较为成功的大国，在其成长初期往往比较注重自己的中立、和平形象，中国亦是如此。从毛泽东、周恩来和平共处思想到邓小平旗帜鲜明地把反对霸权主义作为 20 世纪 80 年代国家建设的一项重大战略任务，并通过印支问题、中苏问题、阿富汗问题以及台海问题上的一系列举措表明了中国和平政策的诚意。此外，中国对于那些明显侵害国际社会原则与利益的战争行动加以谴责，并适时加入以联合国为旗帜的国际多边反侵略军事阵营中去，同时充分运用在联合国安理会常任理事国的身份主持正义，与其他和平力量一起对霸权主义的战争行径进行有理、有力、有节的抵制。二是改革开放的稳定形象。中国从以往的教训中总结出，不能把自己置于封闭状态和孤立地位，要融入国际社会。改革就是革除那些不适合先进生产力的因素，开放就是使中国面向世界，融入世界。总之，就是使中国成为国际大家庭中的一员，成为国际社会的一员。改革开放塑造了中国的新形象，越来越多的西方国家和国际友人开始接受中国的现代身份。

中国的国家形象也有“负面”的。某些西方媒介经常挥舞所谓“客观”“公正”的大旗，精心挑选各种不利于中国国家形象的事例，甚至不惜歪曲事实，制造不利于中国的国际舆论。20 世纪 90 年代初，西方媒体开始宣扬“中国军事威胁论”“中国经济威胁论”“中国粮食威胁论”“中国环境威胁论”，并先后抛出100多篇相关文章和讲话，污蔑中国为“新的邪恶帝国”“共产主义独裁国家”，在世界范围内极大地丑化了中国的形象①。进入21世纪以来，随着世界经济的普遍衰退，包括美国在内的西方发达国家开始遭遇各种各样的社会经济问题，而与之形成鲜明对比的是，中国经济一直保持良好的发展势头。随着这几年世界原油价格的大幅上涨，西方国家又抛出了“中国能源威胁论”，认为中国经济的高速增长，使得中国的能源需求急剧扩大，刺激了国际油价的上涨。可见，国际社会对中国国家形象的不同认识反映了国家利益的分歧及意识形态的断裂，也反映了他们对中国快速发展是否会冲击世界的某种疑虑②。

2. 中国国际传播发展的现状与问题

（1）中国国际传播发展的现状

首先，从国际传播的国际政治环境来看，美国和一些西方国家在政治上不信任中国。苏联解体引发的原“社会主义阵营”的瓦解促使了美国和一些西方国家的单极强大，美国是世界第一经济强国，美国在政治上对中国始终采取的是不信任的态度，从本质上说是资本主义国家对社会主义国家的不信任。在这种背景下提出的“战略伙伴”等说法就成了表面上的外交词汇。美国对我国的政治立场，对我国的国际政治环境有着很大影响。此外，中国作为联合国安理会常任理事国，这是战后中国国际地位的一个重要支撑点，也是当前中国开展国际传播的重要切入

---

① 张昆．国家形象传播：理论与实践（第1版）[M]. 武汉：武汉大学出版社，2014：67.

② 爱德华·霍尔．超越文化（第1版）[M]. 北京：北京大学出版社，2010：98.

点。在国际政治的舞台上，中国已经具备了一定的社会地位和发言权，可以独立地提出自己的政治主张，也可以代表一些国家的利益，更重要的是在国际事务上能够与以美国为首的西方强国在平等的地位上对话，这在一定程度上体现了中国的国际地位的提高。世界上很多国家对我国的国家形象是持友好和认可的态度的，从这点来看有利于我国国家形象的塑造。

其次，从国际传播的文化环境来看，主要是汉语的问题。汉语对于习惯以字母为基本单位的外国人来说是一种非常难掌握的语言，他们接受汉语的程度较低，而且我国对汉语推广经费的投入也不大，和英法美等先进国家动辄几十亿美元的推广费用相比，可以说是“小巫见大巫”，经费投入的多少直接关系到汉语的推广范围和程度。目前，世界上使用汉语的人口主要集中在中国，将汉语作为主要语言的国家和地区还很少，分布地区也很稀少。联合国及其所属机构虽然将汉语列入工作语言，但是地区性或国际性的组织中或会议上真正广泛使用汉语的还不多，和英语、法语等语言相比，汉语在国际社会生活中所占的比重还远远不占优势。另外，汉语在地区或国际上的重要交际领域，如外交、贸易、科技、教育等，使用十分有限。

再次，西方公众对中国不够了解，严重缺少了解中国的渠道。一些西方国家对中国的了解目前还仅仅局限于清朝时期的“长衫”“辫子”形象，在他们眼中“中国功夫”和“中国菜”似乎更能代表中国的特色。可以说，他们对中国的印象一直停留在两个世纪之前，现代化的中国并未进入他们的视野。

从现状来看，中国所处的国际传播大环境是比较严峻的，因此也就决定了中国国际传播的历史任务是让世界了解中国的社会发展状况和取得的社会进步，了解中国文化，理解中国关于自然、人类和社会发展的价值观，促进世界对中国的认同和中国与世界的和平相处。

（2）中国在国际传播中存在的问题

第一，在国际传播中缺乏话语权。当今世界，信息能力强的国家，利用对信息资源的控制，通过媒体来传播其政治、思想和文化意识，而信息能力弱的国家，在被动地接受强国的信息轰炸的同时，其政治、思想、文化领域正在逐渐遭到侵袭，其国家意识形态、主权观念也会被潜移默化地影响。此外，由于信息传播强国对全球主流媒体的控制，使得这些媒体极少关注发展中国家信息时仅仅局限在战争、动乱等负面信息上，这样一来就造成了包括信息强国和信息弱国对发展中国家的信息都不重视的结果，而这种对主流媒体的干扰，使得发展中国家的信息很难对外传播，从而不利于发展中国家的国家形象塑造。

第二，国际传播语境存在极大的不平等。通过国际传播来塑造国家形象的主要工具是传播媒介，然而，目前整个国际社会的大众传播资源分配是极度不平等的。据统计，美国等西方媒体垄断了世界大部分地区近 90% 的新闻信息传播。美联社目前的国内媒体用户有 5700 家，国外媒体用户有 8500 家；路透社的财经新闻和国际新闻拥有 55.8 万家国际订户；法新社在 150 多个国家和地区发展用户。西方三大通讯社的日发稿量相当于由 84 个国家新闻单位组成的不结盟国家通讯社提供新闻量的 1000 倍。仅美国新闻署的编制就有 1.1 万人，其拥有 200 多个新闻中心，分布在世界上百个国家和地区，出版 80 多种杂志和 60 多种周刊、半月刊，用 30 多种语言向全球发行总量超过 3000 万份。在网络传播领域，美国起步早、投入大，并以其固有的经济强势、文化强势、信息强势和语言强势，取得了全球“网络霸主”的地位。

第三，负责任的国家形象。所谓“负责任的国家形象”，是既要对自己的国家负责，也要对世界负责。对自己负责，保护本国的主权和领土不受任何外来侵犯，保卫本国的国家利益不受任何威胁，保障本国的各项事业不断发展，保证本国的社会安定团结、持续稳定发展；对世界负责，即在国际社会中不仅仅注重本国利益的获得，同时要兼顾整个国际社会的共同利益，积极倡导先进的政治理念，和平解决国际争端，建立国际政治经济新秩序。

第四，发展中国家整体形象被扭曲。虽然利用外国媒体来塑造本国国家形象在如今已是一种常见手段，但从本质上来说，国际传播的根本目的仍然是为本国的政治服务，最终维护的仍然是本国的政治利益。在国家形象传播体系中，国家形象构建的主导权基本掌握在新闻事业发达的国家手里。对媒体资源形成垄断的强国透过其手中掌握的媒体资源向全世界传播着其美化国家形象的各种信息，并在全世界范围内影响着各个国家，企图通过这种占绝对优势的传播方式来改变其意识形态和政治立场。过去的许多新闻传播研究表明，发展中国家在发达国家的国际传播中的国家形象往往是片面的、不完整的、带有偏见的、不现实的，甚至是被扭曲的。发达国家对于发展中国家的新闻报道数量非常有限，并且十分简单，对于发展中国家的信息传播多数是消极的，有时即使是积极的，却因为没有足够的新闻流量，从而影响了对该国家的准确了解，进而导致模式化的国家形象，或关于某一国家的刻板印象。西方强国往往根据自身的利益来掌握对发展中国家的新闻“塑造”，报道的内容都是有利于其国家政治利益的新闻，他们将这些新闻传播到世界各地，影响着各国的受众。这种垄断式的强制手段使得发展中国家试图通过媒体传播来塑造国家形象的道路变得异常艰难。

3. 思想文化差异对国际传播塑造国家形象的影响

第一，意识形态差异。在国际传播中，意识形态的操控作用已经体现出来，虽然国际社会不存在一个明确的“国家概念”，没有一个单独的利益集团，但是恰恰由于国际传播的无序化使得意识形态的作用得以发挥。垄断信息资源的传播大国的意图很明显，他们妄图实现国际社会意愿一致化或者倾向于他们自己国家的政治意愿，即使在传播他国信息时，也有意或无意地按照自己的意识形态建构他国的国家形象。这样的做法使得媒介实力弱小的国家不得不受制于他们的意愿，在被主导的地位上接受强国的意识操控。

第二，文化背景差异。一个国家的人口结构，社会分层，不同社会群体的利益诉求、接受能力、欣赏趣味、感情倾向、政治态度，以及他们在价值观、人生观方面是否存在差异等，都为国家形象的国际传播增加了难度。利用国际传播成功地塑造国家形象要以对对象国的社会公众的充分了解为前提，彼此文化上的差异将会使得媒介外交受到一定的限制，从而使进程受到相应的阻碍。

第三，国家利益的差异。国际传播构建国家形象的主要工具是传播媒介，各国传播媒介通过对其他国家的国家行为、发展情况报道和评析来完成对一国国家形象的塑造。各国之间存在着国家利益和意识形态差异，虽然广播、电视、互联网等媒介技术的发展打破了国与国之间在地理疆域上的界限，但要实现全球意识形态和利益原则的一致化，在短时间内是不可能做到的。不同国家的新闻媒体由于受到国家利益、外交关系等因素限制，不可能对所有新闻报道都采取公正的态度，只有在不损害本国政治利益的前提下才有可能站在公正的立场上进行报道。因此，在今后相当长一段时间内，基于国家利益和意识形态差异，国际传播始终都会是一个“过滤”的过程。第一道过滤过程就是“民族—国家”，符合“民族—国家”利益的信息将被采用，其他信息将被淘汰；第二道过滤过程是对象国的公众，因为文化背景和政治立场等多方面原因他们会自动选择接受哪些信息、淘汰哪些信息。目前，国际传播的地域限制虽然因传媒技术的不断发展而得以打破，但却因为政治利益的不同而难以实现全球范围内的“一致”和“一体”。

（三）国际传播视角下国家形象和媒体形象的构想

1. 中国国家形象定位

（1）中国国家形象定位的历史基础

国家形象战略的首要问题是塑造一个什么样的国家形象。“国家形象定位，是对一个国家进行形象建构的过程，是通过信息传播有效接触目标受众群，在目标受众心目中确立一个正面的、明确的国家形象的过程。”因此，国家形象定位的要旨就是确立一个最值得向国际社会推介、最希望国际社会看到和最具战略价值的侧面作为代表性的形象。国家形象是一个国家政治、经济、物质、精神、民族与社会等一切综合国力的集中体现，因此，国家形象定位的决定性因素是综合国力。国家形象的定位根据不同的历史发展阶段而不同，不同的阶段所提出的要求不同，其内容也有所差异。同时，中国并非脱离国际社会而独立存在，而是国际社会的一个构成单位，从这个意义上讲，中国不能单纯从本国国情和自身需求出发来构建国家形象，必须同时考虑到国际社会的综合环境以及自己在国际社会的地位、角色等客观情况，只有这样，才能使塑造出来的形象更加具有国际融合性，更易被国际社会所普遍接受。中国是一个文明古国、一个礼仪之邦、一个发展中国家、一个转型国家、一个有核力量的国家，等等，这些都反映着不同侧面的中国形象。回顾历史，我们看到自新中国成立以来，中国在不同的历史阶段针对不同的本国国情和国际社会环境，一直在不断地调整本国国家形象的定位。

在毛泽东等第一代领导人的领导下，中国开辟了历史的新纪元，一个全新的中国形象展现在世人面前。但在新中国成立初期，由于建设经验的缺乏，中国的国家形象构建并没有真正意义上的开始。直到改革开放后中国进入持续发展阶段，国际传播环境中的国家形象才出现一些新的气象。面对错综复杂的形势，中国面临着要尽快改变过去闭关自守的落后形象、展示全新国际大国形象的局面，要争取尽快地融入国际事务中，在国际上占据一席之地。在这样的大背景下，邓小平提出了“有原则有尊严的大国”的国家形象，即向世界展示中国改革开放的发展形象、安定团结的政治形象。改革开放以来，中国的国家形象随着中国经济的持续高速发展而逐渐清晰而成熟，中国也基于与国际社会的双向认同关系不断调整着政策。这些认同包括，对和平与发展历史潮流的认同，对全人类共同利益的认同，对国际社会相互依存关系的认同等。同时，根据对外战略调整的需要，以经济主义和区域主义为基点，以积极参与国际事务、加强国际合作为途径，以拓展国家战略利益、发挥负责任大国作用为目标，中国开始对外努力树立一个热爱和平、独立自主、安定团结、发展中的负责任大国形象。而党的十八大以来，国际体系进入了加速演变和深刻调整的时期，各种战略力量加快分化组合，世界多极化、经济全球化、社会信息化、文化多样化深入发展，世界正处于大发展、大变革、大调整时期。着眼于国内外舆论环境的发展变化，习近平总书记指出，我们在国际上有时还处于有苦说不出、说了传不开的境地，存在着信息流进流出的“逆差”、中国真实形象和西方主观印象的“反差”、软实力和硬实力的“落差”，因此要下大力气加强国际传播能力建设，加快提升中国话语的国际影响力。为此，党的二十大报告深刻指出，要增强中华文明传播力影响力。坚守中华文化立场，提炼展示中华文明的精神标识和文化精髓，加快构建中国话语和中国叙事体系，讲好中国故事、传播好中国声音，展现可信、可爱、可敬的中国形象。

（2）国际传播全球化背景下中国国家形象定位

在当前的国际传播全球化大背景下，面对复杂多变的国际形势，我们在着力应对外来挑战和风险的同时，首要的任务是把国内的事情办好，始终保持国家统一、民族团结、社会稳定的局面，坚定和平、发展、合作的政治立场，坚持冷静观察、沉着应对的方针，在处理复杂的国际关系的同时为社会主义事业的发展创造良好的周边环境，并在此过程中树立和平、发展、负责任的成长中的大国形象。

第一，和平的国家形象。和平是全人类长期追求的一种美好理想，引申到国际关系，就意味着国家间和睦相处，以合作的精神解决矛盾冲突。我国之所以以树立和平的大国形象为目标，是因为和平的形象更容易使别国人民接受，以亲民的形象出现，利于国家形象的塑造，对我国在国际社会树立威望将起到积极作用。

第二，发展的国家形象。发展问题是当前全世界共同关注的核心问题，因此构建发展中国家形象理应成为我国国家形象构建体系中的重心和焦点。随着科技革命在全世界范围内的爆发，科学技术突飞猛进，发展问题已经成为不仅关系发达国家，而且也决定发展中国家命运的核心问题。目前，我国在重视发展这个问题上也下足了功夫，“发展是第一要务”的说法也充分证明了我国对此问题的重视，构建发展中国家形象已成为世界各国的共识。

第三，负责任的国家形象。所谓“负责任的国家形象”，是既要对自己的国家负责，也要对世界负责。对自己负责，保护本国的主权和领土不受任何外来侵犯，保卫本国的国家利益不受任何威胁，保障本国的各项事业不断发展，保证本国的社会安定团结、持续稳定发展；对世界负责，在国际社会中不仅仅注重本国利益的获得，同时要兼顾整个国际社会的共同利益，积极倡导先进的政治理念，和平解决国际争端，建立国际政治经济新秩序。

2. 中国国家形象的塑造

（1）树立和谐发展的大国形象

20 世纪 90 年代中期，中国的飞速发展已经引起了世界上一些国家的关注。从 1996 年起，中国的外交战略已经调整为：为提高综合国力而把主要精力放在国内发展上，维持适宜的国际条件；尽量减少美国与其他国家利用其优势遏制中国发展的可能性。这种战略有利于中国团结其他大国作为合作伙伴，同时也在一定程度上遏制了潜在敌对联盟的形成。

从党的十四大确立建立社会主义市场经济体制后，中国内部进行了深入连续的经济体制改革，并逐渐崛起为国际经济体系中一个新的自由贸易的支持力量和有力的推动者。中国走出了一条为世界所瞩目的从大一统的国家计划经济走向市场经济的转型增长道路，中国经济蓬勃发展并取得了巨大的成功。

党的十七大报告中提出，中国将始终不渝走和平发展道路，这是中国政府和人民根据时代发展潮流和自身根本利益作出的战略抉择。和谐外交理念是对新中国和平外交政策的升华和创新，它反映了中国真诚地希望与世界各国携手共建一个持久和平、共同繁荣的和谐世界。这一美好的理想和愿望，符合世界各国的根本利益，因而将具有很强的亲和力、吸引力和感召力。

（2）树立和平崛起的大国形象

在战争与革命年代，由于当时特定的历史环境和封闭的传统意识，使得中国对资本主义世界体系采取的是一种敌视、仇视和对立的政治立场，敌对的态度给中国带来的后果是被西方社会视为破坏者，并极力压制中国的发展。这种对立状态破坏了中国与当时国际社会的关系，给中国带来了极大的环境压力。在这种压力下，中国的生存曾一度受到威胁，并远远落后于世界主流社会的发展，跟不上时代的发展步伐。

在和平与发展时代，伴随着改革开放的步伐，中国对国际社会和国际制度有了比较全面和深刻的认识，开始从国家利益角度出发去处理国际事务以及国家间关系。中国开始以尊重、理解、支持、配合、合作、利用的态度积极主动地全面融入国际社会，突出谋生存、谋发展的重要性和紧迫性，被看成是长远的渐进的目标，其结果是中国经济持续稳定高速增长，并带动世界经济的成长，中国经济的崛起真正成为世界经济发展的重要发动机，共同发展、共同繁荣已经成为可以实现的现实。

坚持走和平发展道路，是基于世界发展潮流以及中国基本国情和历史文化传统的必然选择。我们要继续坚持实施互利共赢的对外开放战略，以合作谋和平，以合作促发展；同时，继续奉行和平共处五项原则，强化维护和平的外交形象，增强国际社会对我国“和平崛起”的认同感与信任感，让世界知晓中国政府在维护中国人民利益的同时，也会增进全世界人民的共同利益。

（3）树立负责任的大国形象

树立负责任的大国形象，要从正确处理与周边国家的关系入手。和谐友好的睦邻关系是为我们创造良好国际环境的契机，与亚太邻国的和睦相处是重点所在，但是从历史的角度看中国的周边局势并不乐观，充满敌意或怀疑态度的邻国依然存在，尤其是中国的崛起更加深了他国的这种疑虑。为了打消这种疑虑，中国在消除“中国威胁论”，并树立“开放、合作、遵守规则”的形象从而建构平稳友好的周边环境方面下了很大的功夫。1993 年参加“建立亚太国家安全与信任措施”的会议，中国体现出对于建立、参与多边合作安全机制的极大热情。1994 年在首届“东盟地区论坛”会议上，中国提出了五点建议和措施，其核心是建立友好关系，和平解决纠纷，不搞军备竞赛，促进安全对话，增进相互信任。

除了要正确处理与亚太周边邻国的关系之外，中国还要积极参与到国际事务的处理之中去，倡导以和平方式解决国际争端和国际危机；积极参与国际维和和国际救援，促进受灾地区的和平与重建；为第三世界国家的生存和发展争取权利；努力促进建立国际政治、经济新秩序；在采取重大行动和决策时，充分考虑国际因素，努力使中国整体的国际意识与所处的国际地位相符：把中国不仅树立成为维护世界和平的坚定力量，也树立成推进人类正义与进步事业、促进国际合作、应对全球挑战、捍卫全人类共同利益的积极的负责任形象。

目前，中国正在努力通过一系列国际传播手段，塑造负责任的大国形象。首先，在处理与亚太邻国关系方面，以平等谈判、友好协商的方式解决了与邻国领土争端的问题，建立了与邻国边界地区的相互信任措施；对于领土纠纷，中国主张搁置争议、共同开发，并承诺通过投资及贸易共享繁荣；同时，深化了对原有多边地区合作机制的参与，尤其是中国与东盟 10+3、10+l 以及自由贸易区等合作新形式的确立进一步促进了本地区经济的发展，不断提高在亚太经合组织中的地位，也增强了在周边地区的政治经济影响。其次，在处理国际事务方面，中国也表现出积极的姿态，坚持坚定独立的政治立场，尤其在世界重大危机中展现出大局观和牺牲精神。1997 年，亚洲金融危机，中国政府不仅拒绝人民币贬值，而且向危机受害国提供自己力所能及的经济援助，仅向泰国和印度尼西亚就提供了 20 亿美元的政府贷款，中国成为制止危机、促进发展的中流砥柱，对稳定世界经济、避免危机进一步扩大发挥了建设性的作用。中国在亚洲金融危机中所起的积极作用，成为中国树立国际形象和自我形象的转折点。

3. 通过国际传播塑造国家形象的政策与手段

（1）树立正确的观念和意识

国家形象的构建实际上是一项主动出击的工作，是主动向国际社会和他国人民展示自己，通过主动发出自己的声音来融入国际社会，让更广泛的国际人民认同自己、了解自己，从而在国际社会上找到自己的位

置，塑造出自己的国家形象。因此，我们要树立理想中的中国国家形象，就要从思想根源上转变观念，在认识上与国际社会形成同步。

第一，转变观念就要实现由“传播者本位”向“受众本位”的转变。国家形象的传播受众是国际社会中的各个行为体及其公众。目前，评价国家形象的主要标准是国际社会的普遍价值观，要想使我国国家形象定位得到国际社会的普遍认可，就必须采取国际社会广泛接受的行为方式来传播我国国家形象，必须立足国际宏观视野[①]。另外，作为国家形象传播的受众的各行为体及其公众，他们对信息的接收并非简单、单向和被动的，他们拥有自己的主观意识，会根据自己个人喜好的价值观念作出判断。受众在政治信仰、价值观念、社会地位、利益诉求、生活方式、文化传统、历史背景、语言习惯、教育水平等方面的差异使大小不同的传播对象在建构有关中国的形象时当然也发挥着不同的作用。这就要求我们在构建中国国家形象时要更加注重对传播受众的分类研究，有针对性地做好宣传与传播工作。在传播我国的国家形象时，要针对受众的不同特点，具体问题具体分析，做到有目标、有针对性的传播，不能寄希望于国际社会能自觉地接受我们对国家形象的自我定位，而是要寻找与其共通之处，以此来获得广泛的认同和接受。

第二，转变观念还要实现由“被动应付”向“主动发出声音”的转变。我国含蓄谦虚的民族文化传统深刻影响着我国现有的国家形象传播体系，对于事情的处理风格是低调不张扬，发生问题时，往往没有直接

---

① 罗伯特·恩特曼．媒介框架与公共舆论（第 1 版）[M]. 北京：清华大学出版社，2018：56.

面对，个别地方和部门存在拒绝曝光事实真相的做法[①]。这种“报喜不报忧”的做法虽以避免损害政府权威、国际形象为初衷，但却带来了恰恰相反的后果，不仅加深了国际社会对我国国家形象的误读，甚至还会被别有用心的国家和利益集团利用，为其丑化我国国家形象提供了口实。因此，为了维护自身的国家利益，有效传播国家形象，我们必须让更丰富的信息从我们嘴里主动说出去，让国际社会接受的是带有我国政治立场的信息，这样不仅有利于捍卫我国诚实、可信的大国形象，同时也会让那些故意污蔑我国国家形象的伎俩无法得逞。

第三，转变观念还要实现“政府独立向外”向“传播主体多元化”的转变。政府是一个国家的政治代表，政府通过外交活动及时、准确地向外界发布本国信息，进行国家之间的信息交流以及双边、多边联系，是塑造国家形象的主要执行者，但是这并不意味着政府是传播国家形象的唯一力量。传播的媒介有很多，在西方国家，企业、高校、非政府组织、社会团体乃至个人也在国际传播中发挥着主力军的作用。因此，要想使我国的信息有力、有理、有效地传播出去，就必须改变国家形象构建“政府独立向外”的观念，推动非官方力量在我国的国际传播事业中扮演更加重要的角色。

（2）建立国际公认的新闻价值观及话语体系

建立国际公认的新闻价值观及话语体系，我们必须从根本上树立变“宣传”为“传播”的思想观念，以强有力的说服手段为工具，在国际传播方面寻求新的突破。带有使命感和责任感色彩的“对外宣传”可以说是中国传播界的普遍共识，但却难以得到西方社会的认同。外国受众

① 周庆山．跨文化传播学导论（第 2 版）[M]. 北京：北京大学出版社，2017：178.

对来自官方信息有一种天然的抵触情绪，认为这类信息诱导、劝服的意图及功利性目的过于明显，不具备基本的新闻价值。因此，要想使中国的对外传播得到外国受众的理解和接受，就必须用“对外传播”代替“对外宣传”，以达到使我们预期的国家形象真正深入到国际人民心中的目的。在国际社会树立可爱、可信、可敬的国家形象是我们今后的一个目标，在选择新闻的时候要注重价值性，在报道新闻的时候要注重针对性，寓观点于事实之中，让合理的新闻传播方式成为推动我国国家形象发展的积极动力。

（3）利用全球性媒介事件建构国家形象

“媒介事件”是指对媒介受众来说是策划的、带有一定的表演性质和象征意义的活动，它包括大型运动会、和平协定签字仪式、历史事件的纪念活动、王室的婚典以及其他。全球性媒介事件是一种独特的外交行为，因为这些活动不仅涉及各国政府，而且涉及全球公众。丹尼尔·戴扬和伊莱休·卡茨在《媒介事件：历史的现场直播》一书中将媒介事件定义为“对节目的选择性收看，即那些关于令国人乃至世人屏息驻足的电视直播的历史事件”。媒介事件的效果被他们分为对参与者的内部效果和对机构的外部效果两个层面，其中，对参与者的内部效果包括对组织者和主演者的效果、对记者和播出组织的效果、对观众的效果三个方面；对机构的外部效果包括公众舆论、政治机构、外交、家庭、闲暇、宗教、大众仪式和集体记忆等八个方面。具体来说，媒介事件具有如下作用：首先，媒介事件通过媒体舆论和新闻传播来影响主办国的国家形象；其次，以文化表演和大众仪式为主的全球性媒介事件令全球瞩目，占据着全世界观众的视线和时间，在从事前筹备到事件完成这段时间内，一定程度上改变着人与人、国与国之间的关系，为全世界人民提供了一个“强制和机械”的团结契机；最后，在媒介事件的进行过程中，媒介事件的组织者将受到国际社会大众的重点关注，也就是将一国摆在了国际社会的焦点位置，利于向国际大众展示自我。

利用媒介事件建构国家形象，体现了媒介的综合策划和议程设置等多项功能。乔治·华盛顿大学政治传播学教授曼海姆指出，“如果一个国家要在世界舞台上谋求赞赏和正面的形象，就必须设法主办全球性媒介事件。只要这个事件能够牢牢地吸引住全世界的目光，它就有助于国家形象的提高”。在国际传播体系中，越来越多的国家都认识到了媒介事件对于建构国家形象的重要性，它们通常会选取外国政府以及国际受众都感兴趣的新闻进行报道，将其主观意识和政治立场融入到新闻信息之中，并采取让国际社会容易接受的方式进行传播，以此来塑造其理想之中的国家形象。从 1997 年起，香港回归、澳门回归、迎接新千年、北京奥运会、神舟飞天等事件均成为引起全球关注的话题，这些事件之所以引起大众关注，是因为其具有超越人类极限、超越种族观念、实现人类共同梦想的特点。此外，每年定期召开的全国“两会”也对关注中国问题的领导人、专家学者及普通百姓具有跨越国界的吸引力，从而形成国际舆论的一大焦点。对外传播机构应该抓住类似的契机，做好前期策划，加大信息投放，全方位、多角度、有深度地反映焦点事件的前因后果，向世界展示我国高水平对外开放取得的成果，从而树立良好的媒介形象并最终为我国赢得较高的国际威望。

（4）促进网络媒体的对外传播

互联网的出现对人类传播活动各个方面都产生了深远影响。作为大众传播的“第四媒体”“网络媒体已经成为21世纪人类最重要的新闻源之一”。在构建国家形象的过程中，将网络媒体运用于对外传播无疑具有极大的优越性。第一，世界各地的受众都能在第一时间接收到来自中国的信息，这就是网络媒体的无疆域性和实时性特点所带来的优势；第二，与传统媒体承载信息量有限的劣势相比，网络媒体能承载海量的信息资源，这是由其数字化特征决定的，这也为国际社会了解中国提供了一个巨大的平台；第三，要创建以英语为主的互联网站和社交软件，我们必须正视英语作为目前世界上应用最为广泛的语言这一特点并加以利用，增加国际社会了解中国的途径；第四，网络的多媒体性为我们提供了更多传播信息的手段和方式，针对不同的信息类型、不同的传播受众可以提供更多元化的传播服务，让国际传播下的国家形象更加生动丰富；第五，网络的交互性为受众直接、迅速反馈信息、发表意见提供了可能，从而弥补了传统媒体不能随时了解用户需求的不足，极大地提升了对外传播效能。

（5）提高国际传播的有效性

第一，重视我国国际传播体系的“硬件”建设，为国际传播的有效进行提供物质基础。信息全球化时代，强国凭借其强大的经济和技术实力抢占尽可能多的信息资源，以此来取得国际传播的主导地位。技术落后、话语权弱化、理念陈旧和传播渠道过窄等问题是目前我国国际传播所面临的主要困难，为了改变这种颓势，国家必须重视我国国际传播体系的基础建设，改进技术，改革体制，整合各方面资源，重拳出击。一方面，全球化时代，信息传播新技术更新迭代快，新媒介的功能成倍增长，我们可以抓住这个时机，发挥后发优势跨越式发展。在我国，随着网络的普及和上网人数的增加，越来越多的人具备了参与国际传播体的可能，我们必须重视人的数量优势，让这种优势成功地转化为成果和效益，让大家都能为我国发展国际传播、构建国家形象作出贡献。另一方面，传媒体制和机制改革也是题中应有之义。体制问题是上层建筑，决定了传播的整体发展方向，我们要对不同的媒体资源进行整合，把以前各自为政的分散媒体整合起来，更大地发挥其效用，为我国构建国家形象提供强有力的支持。

第二，调整传播策略，提高国际传播的有效性。讲究传播策略、注重传播的效果是让世界听到中国声音、听懂中国声音、接受中国观点的重要方面。在传播过程中，要重视受众的关注点和习惯的思维方式。我们要根据受众的需求和特点来选择新闻题材以及体裁，要使内容和方式达到和谐的统一。尤其对于西方受众，要针对他们的文化传统和思维方式来考虑传播的内容和形式，只有这样，才能提高传播的有效性。

调整政策、改变机制、重塑观念、加大投入，这些都是我国国际传播所必须面对和解决的问题，对于在国际传播视角下塑造中国国家形象都是十分必要的。我们要正确认识我国国际传播和国家形象构建过程中具备的优点和存在的缺点以及面临的问题，客观分析、全力解决，为我们发展国际传播、塑造国家形象保驾护航。

综上所述，在信息和国际传播日益全球化的今天，通过发展国际传播来构建良好的国家形象已成为必须正视的一个重要问题。本章从三大方面分析了我国国际传播和国家形象的现状及存在的问题，并据此有针对性地提出了相应的建议，旨在通过意识、技术、手段、技巧等方面对国际传播的不断完善，达到构建中国良好国家形象的目的。树立理想中的国家形象，并非一蹴而就的事情，必须经过不断地探索和努力，包括物质投入、海外拓展、人才培养等，只有坚定这样的信念，才能在日益激烈的国际传播竞争中占有一席之地，才能使中国的国家形象循着我们的预期去不断完善。我们必须清醒地认识到，在国际传播视域下构建理想的中国国家形象是一项艰巨而复杂的工程，我们必须有持之以恒的耐心、毅力和精力才能实现这一目标。目前，我国赋能国际传播的根本任务是在国际上树立和谐发展、和平崛起和负责任的大国形象。然而，信息全球化在给我们带来巨大便利和自由空间的同时，也带来了信息控制复杂化和信息流量不平等的问题，对国家的信息安全、保持文化独特性以及本国在全球传播中的话语权构成了挑战。正是基于这样的背景，本章重点分析了国际传播全球化背景下中国国家形象的构建问题。

二、传播学视角下中国国家形象的构建

国家形象是指国际社会公众对一个国家的有形表象、精神内涵和国家行为及其结果的相对稳定的总体评价，是一国软实力的重要组成部分。良好的国家形象有助于国家在国际交往和竞争中占据主动，实现国家利益。因此，随着全球化时代的到来，在国际社会中塑造良好的国家形象已成为各国关注的焦点，而国际传播也正是凭借着其得天独厚的优势成为塑造国家形象的重要工具和主要力量，于是，传播学与国际关系学的交叉学科——国家形象传播研究便应运而生并迅速发展起来。

当前，随着中国综合国力的不断增强，中国融入世界体系的步伐正在不断加快，与其他国家的政治经济合作日益频繁，但由于传统上政治、经济、文化和意识形态等领域的分歧，外部世界对当前中国的兴起怀有疑虑，加之我们不善于充分解释和表达自己，中国的国家形象时常被严重歪曲、误读甚至被“妖魔化”，这势必会给中国今后的发展带来不利的影响。因此，关注中国的国家形象问题，已经成为一个不容回避的话题。

鉴于此，本书试图从国际关系的角度出发，以国际关系的相关理论为基础、对传播学视角下中国国家形象的塑造进行充分的研究，并从国家形象与国家形象传播理论的概念界定、现代国际关系与国家形象传播的一般关系分析、国家形象传播角度看中国国家形象构建三个方面入手，对国家形象传播与中国国家形象构建进行全面分析和论述。

在国际关系领域，对国家形象的研究并不是一个全新的课题。早在古希腊时期，历史学家修昔底德就曾描述过国家声望给雅典人与米兰人之间的战争带来的影响。20 世纪三四十年代，西方经典现实主义的大师们对国家形象的相关课题也展开了细致研究，譬如爱德华·卡尔的《二十年危机》，汉斯·摩根索经典名著《国家间政治》等。20 世纪 80 年代末，在国际关系领域，随着约瑟夫·奈的"软实力"学说的提出，国家形象再一次被越来越多的学者纳入研究视域，就连美国国际政治学家、进攻型现实主义代言人约翰·米尔斯海默也对国家形象问题给予了大力关注，认为"构建良好的国家形象"就是"赢得民心""是相互依存时代重要的国家利益所在"。

我国学者对这一课题的关注和研究主要集中在具体国家的形象分析和具体国家的形象传播策略上，对于国家形象与国际传播相结合的理论层面研究尚未形成具有针对性的、系统性的长效支撑体系。对于这一领域的研究，中国传媒大学起步较早并取得了较大成绩，他们利用专业优势从国际传播的角度出发，对现代国际关系中国家形象的构建进行了深入研究，并推出了一系列相关研究成果，如刘继南教授的《大众传播与国际关系》《国际传播》《国际传播与国家形象》《中国形象—中国国家形象的国际传播现状与对策》等，以及杨伟芬教授的《渗透与互动》、张昆教授的《国家形象传播》等。这些研究成果的题材涉及了如何认识大众传播与国际关系两个领域之间的关系、国际传播秩序、媒体对国家形象构建的影响等，其中许多议题和内容既可以看作是传播学的传统研究范围，也可以看作是国际关系固有研究领域，为传播学和国际关系学的交叉研究带来了很多启示。

我国对大众传播与国际关系这一交叉领域的理论研究仍处于初始阶段，特别是其中针对国家形象传播的现状及对策的研究还有待进一步提高。在以往的多数研究中，研究者往往只是选取一个或几个视角就某些问题进行专门的描述性研究，但从某种意义上讲，在实际的国际传播活动，中国家形象的形成与构建则往往是多种因素合力的结果。因此，在本书的研究过程试图将国际关系与国际传播有机结合，并从这一视角出发突出国际传播与国际关系学科的交叉与融合。

（一）国家形象与国家形象传播理论的概念界定

20 世纪 90 年代以来，随着全球化程度的不断加深，越来越多的国家开始认识到：即使是世界上物质实力最强大的国家，其对外战略和本国政策的制定与实施，也已不再仅仅是由其如何看待和对待世界决定的，而是由世界如何看待和对待它来决定的。简言之，一国的内外行为已经越来越难以逃脱国际体系中他国认知体系的影响。在这一背景之下，国家形象的概念便应运而生。

1. 国家形象概念的一般界定

（1）从形象学理论界定国家形象

一般认为，“形象”一词最初来自文艺学，西方学者科特勒指出：“形象是指人们所持有的关于某一对象的信念、观念与印象。”随着社会的进步，以形象为逻辑元范畴的形象学走到了文明史的前台，作为“大科学”与“大教育”的深刻结合，形象学理论所具有的先天的建设性越来越能够使人类在千变万化的形象世界中获得坚实的本体论的支撑，从而为人类的生存和发展赢得最大程度的帮助和指导。

近年来，随着形象学理论的蓬勃发展，人们对形象一词的关注度也大大超过了以往，形象问题如“企业形象”“地区形象”“国家形象”等，常常被提到一种战略的高度来讨论，而对于国家形象的研究也正是在这种形势下应运而生的。

国家形象可定义为：“国家的客观状态，包括该国政治（政府信誉、外交能力与军事准备等）、经济（包括金融实力、财政实力、国民收入等）、社会（包括社会凝聚力、安全与稳定、国民士气、民族性格等）、文化（包括科技实力、教育水平、文化遗产等）与地理（包括地理环境、自然资源、人口数量等）等方面在外部公众舆论中的投影，也就是外部公众对国家的印象、看法、态度和评价的综合反映，是公众对国家所具有的情感和意志的总和。”简言之，国家形象就是指国际社会公众对一个国家的有形表象、精神内涵和国家行为及其结果的相对稳定的总体评价。

由此我们可以看到，从形象学理论的角度出发界定国家形象的这一概念，不仅揭示了国家形象形成的客观基础，而且指明了国家形象背后所蕴含的情感价值因素；同时，鉴于主观反映和客观状况之间有所出入，它还暗含了国家形象并非总是国家客观状况的真实再现这一成分，这也为如何构建良好的国家形象指明了方向。

（2）建构主义与国家形象的形成过程

如上所述，国家形象是一国客观状态在外部公众舆论中的投影与再现。由此可见，国家的客观状态本身是国家形象问题研究的基点和形成的基础，但这却并不等于说国家的客观状况本身就是一国的国家形象，因为这种文化意义上的国家形象不总是由一国的客观情况所决定的。

假如一个国家是完全孤立于国际社会的，那么，无论这个国家的客观状态如何，也是不会被其他国家所认知和评价的。也就是说，只有当国家“自我”与国际社会中的“他者”两个主体之间产生互动，才能谈得上一国对另一国的形象感知问题。由此可见，一国国家形象的形成是由国家自身和与外部他者在交往互动实践中所共同建构的。而这一形成过程也正可以从20世纪90年代西方国际关系理论领域活跃着的建构主义理论中找到理论支撑，即强调重视观念的作用，认为国际体系结构不是新现实主义的物质能力分配，而是观念的分配；在方法论上主张整体主义（或结构主义），强调国际体系结构对国家的作用，认为这种作用不仅对国家行为有制约作用，而且对国家的身份和利益有建构作用。根据这一理论，可以按国家形象所形成的建构层面的不同分为两种：

第一，单位层面上的国家形象建构。在这一层面上，按照建构主体的不同，可将其分为两种模式：自我建构和他者建构。一方面，一国在自有文化知识结构的基础上对自我形象进行建构；另一方面，他国在其自身固有文化知识结构的框架下，也可以对其对象国的国家形象进行社会想象和话语建构。

第二，体系层面上的国家形象建构。建构主义大师温特曾指出，“国家行为体之间的互动实践可能建构多种国际体系文化，并归纳出三种理想的体系文化类型，即霍布斯文化、洛克文化和康德文化。“而这三种体系文化对国家形象的建构也有着不同的影响。具体而言，包括如下方面。

首先，在霍布斯文化中，国家之间的相互身份是敌人，在这种文化中，一国对另一国的形象建构往往充满了敌意、歪曲和丑化。

其次，在洛克文化中，国家之间的相互身份是竞争对手，在这种文化中，一国对他国的形象建构充满矛盾：一方面，一国尽可能地真实再现他国的客观现实，以增强对他国决策的准确性；另一方面，对他国形象的建构又易被现实政治需要所主导，从而有意地歪曲和丑化对方。

再次，在康德文化中，国家之间的相互身份是朋友，在这种文化中，一国对他国形象的建构是将其视为自我认同的延伸，力求在两国间营造一种“四海一家”的和谐亲近气氛，从而巩固“朋友”式的友谊。

由此可见，国家之间不同的互动实践可以建构不同的体系文化，同时，也正是这种不同的体系文化赋予行动以意义，并决定着国家形象建构的内容、性质和方式。简言之，国家互动建构国际体系文化，国际体系文化建构国家形象。

（3）从软实力的角度看国家形象的价值

权力一直以来都是国际关系学中一个核心概念。冷战结束前后，国际形势发生了深刻变化，权力的性质和来源也相应发生了变化，特别是随着全球化程度的日益加深，国与国之间，尤其大国之间的关系越来越呈现出既竞争又合作、既相互依赖又彼此制衡的态势，单纯地强调军事力量和征服早已不能顺应国际关系发展的需要。鉴于这一形势，以知识、文化等为代表的软实力在各国特别是发达国家对外战略和对外政策中变得日益重要。

国际关系理论家约瑟夫·奈曾指出，在信息时代，一国的软实力是一国通过自身的吸引力，而不是用强制力在国际事务中实现预想目标的

能力。[1] 软实力是由一个国家和民族的文化传统、意识形态、价值观念、民族性格等多方面精神要素构成的，包括了政治系统和政治领导、民族士气和民族精神、社会的国际形象、国家的对外战略、确定国际体制的能力以及科学技术的发展等方面。

从中可以看出，国家形象本质上也是软实力中的一种，即它不是一种基于物质性实力威压而使对方屈服的强制力，而是一种诱导性、向内吸纳式的吸引力。因此，对任何国家而言，树立稳定、理智、守信用的正面的国家形象，对提高一个国家的国际地位，促进其对外关系无疑起着至关重要的作用。从小的方面说，这将直接影响一国的外贸和投资环境；从大的方面说，将决定着这个国家能否融入全球经济发展的大潮流中，去劝服他国接受和追随其外交谋略，引导他们沿着与本国国家利益相契合的方向发展，从而使一个国家以最小代价取得最大的政治经济利益，实现自己的预期目标。由此可见，现阶段国家形象的研究价值在"软实力"理论的大背景下已远远超出其本身，因此重视对国家形象的研究、树立良好的正面的国家形象，对任何一个谋求在国际社会发展的国家来说都至关重要。

2. 国际传播理论及相关研究

我们对国家形象的研究和考察是不能脱离具体的条件和环境的。国际传播的大环境、大背景正是国家形象传播的重要条件和依据。同时，国际传播的特点和优势也使其成为塑造国家形象的重要工具和主要力量。正如一位美国传播学者所说："国家的行动是由他们所认识的现实

① 约瑟夫·奈.注定领导：美国权力性质的变迁[M].纽约：基础图书公司，1990：25-32.

的形象来决定的。虽然传媒不是塑造这种形象的唯一因素，但它的普遍性和持久性使它最有资格成为首要的国际形象塑造者。”

（1）国际传播的特点

国际传播作为一个概念首先由西方学者提出。20世纪80年代初，国际传播的概念传入我国。美国著名的国际传播问题学者罗伯特·福特纳将其概括为：“特定的国家或社会集团通过大众传播媒介面向其他国家或地区受众所进行的跨国传播或全球范围传播，是相对于国内传播而言的。”

具体来说，国际传播有广义和狭义之分。广义的国际传播指的是国与国之间的外交往来，包括首脑互访、双边会谈以及其他相关事务。很显然，这种传播活动是伴随着民族国家的出现而出现的。而狭义的国际传播是指以大众传播为支柱所进行的国与国之间涉及了政治、经济、文化、军事等内容的传播。

尽管国际传播是千千万万种传播中的一种，但是与一般的传播形态相比，国际传播仍有其特征。

第一，国际传播的主导者是主权国家或是其他国际行为主体，如联合国、北大西洋公约组织、国际奥委会等。

第二，国际传播是国际行为主体（主要是国家）控制之下的信息传播，即具有很强的目的性。国际传播是国际政治的一部分，突出的是政治关系，这就决定了国际传播在影响国际政治的同时，必然受到政治权力的制约与控制。

第三，国际传播是一种过滤式的传播。传播者在对外传播时，必然要选择那些有助于树立国家良好形象的信息，将那些无利的信息剔除

掉；在对内传播时，也必然要回避那些消极的信息。

综上所述，国际传播是传播在国际领域的发生和发展，是国际大背景下所体现出来的各种行为体之间关系的反映。随着全球化时代的到来，各国对国际传播的研究和利用也随之蓬勃发展起来，同时新媒体时代以及超媒体时代的到来也将为国际传播的研究提供新的机遇与更大的发展空间。

（2）国际传播媒介及传播模式分析

所谓国际传播媒介指的是参与国际事务报道和国际信息交流的大众传播媒介。根据传播技术的不同，可以划分为：国际新华通讯社、国际性的印刷传媒、国际广播、国际电视及互联网。根据参与方式的不同，可以划分为：对内报道国际事务的传媒，如中央电视台的《国际时讯》等栏目；对外报道国内事务的传媒，如中央电视台 CCTV-4、CCTV-9等；以及面向全球报道全球事务的传媒，如 CNN、塔斯社等。在国际传播过程中，国际传播媒介作为一个纽带将不同的政府与民众联系起来，通过其特有的传播模式，实现国际间的信息交流。

（3）国际关系中的新领域——国际传播关系

正如上文所述，国际传播指的是跨越主权国家国界的以大众传播工具为支柱所进行的信息传播。很显然，这种信息传播是发生在两国或多国之间的，也就是说，其构成了“超越国家界限建立的一种特殊的社会关系”，即其成为国际关系的一部分。在整个传播过程中，“面向世界、报道世界、争取世界——甚至争夺世界，即争夺世界的受众、争夺世界民心，也争夺世界的传播资源与世界传播市场的份额。”因此，国际传播诞生以来就是国际关系的一部分，并由此形成了国际传播关系。

尽管国际传播关系从总体来说是推动国与国之间发展、增进了解的有力因素，但不可忽视的是，在国际传播关系中由于各国综合实力的不平衡，导致各国国际传播实力存着较大的差距。因此，国际传播关系自其形成后，就存在明显的不平衡与不公正的局面。

有数据显示，美国的美联社、合众国际社，英国的路透社和法国的法新社四大通讯社，依仗其雄厚实力垄断着世界新闻信息流通量的 80% 到 90%。更具体来说，以美国的通讯社为例，“他们每天接收、编辑、转发的文字达 3000 万字，而整个第三世界却不超过 20 万字”①。由此可见，发达国家具有强大的传播能力以及垄断全球新闻信息是确凿的事实。

美国人罗森布·鲁姆就曾针对这一现象做过如下抨击：“西方报刊对发展中国家的现实仅仅给予不当的和表面的注目而且往往充满了文化的偏见。”西方国家垄断的新闻报道丑化、歪曲了许多发展中国家。“认为这些国家都是贪污、政变、灾害、饥饿的地区”，并且“从未关心、报道协助这些国家摆脱贫穷困境的建设性建议”②。

面对这种不平衡、不公正的现状，在国际传播关系领域，发展中国家正在奋起抗争，谋求建立新的国际传播秩序。但是，建立国际传播新秩序并不是一朝一夕的事情。尽管如此，有一点是可以肯定的，国际传播关系已经成为国际关系中的新领域，而且正在凭借其巨大的影响力成为国际关系中的热点。

---

① 郑超然．外国新闻传播史 [M]．北京：中国人民大学出版社，2000：第三章．

② Rosenblum, R. (2005). News Monopoly and Global Communication Imbalance [M]. Critical Studies in International Communication. New York: Columbia University Press Rendena University Press, 1979:45-68

3. 国家形象与国际传播的结合——国家形象传播

如上所述，对国家形象的研究不能脱离具体的条件和环境。基于这一原因，对国家形象的研究必须与国际传播结合起来，要在国际传播的发生、发展和变化中把握国家形象的传播规律、传播条件以及传播特点，这样才能做到对国家形象分析的有的放矢，才能符合科学逻辑地对国家形象进行研究。

（1）国家形象传播的特点

通过上文中对形象的分析，我们知道形象是通过某种媒介在人头脑中形成的关于某人或某物的映像，由此可见，传播与形象有着天然不可分割的内在联系。既然如此，那么我们就可以形象地将二者有机地结合起来，组成“国家形象传播”这样一个新名词。

国内学者在论及国家形象的时候，大多只是单纯地将国家形象和国际传播联系起来，却没有把二者结合起来。在国内，首次将二者结合起来并明确提出这个概念的是复旦大学新闻学院的支庭荣教授。在其题为《国家形象传播——一个新课题的凸现》的论文中，他认为“国家形象传播”是一种政治传播，是以国家形象宣传为主题的一种跨国的政治传播。

同样，本书也提出国家形象传播这一概念，即国家形象传播是指在国际关系领域，本国媒体向国外公众进行的以国家形象为传播内容的跨国界、跨文化和跨语言的一种国际交流传播现象，力求在体现国际传播这一政治属性的同时，着力关注“传播”概念，从传播学和形象学的角度出发为构建国家形象找寻理论支撑。

如前文所述，对于国际传播的相关特点已经做了明确的阐述，但仍有必要结合有关国家形象的研究，对在国际传播格局中国家形象传播所表现出来的一些独到之处进行一定分析，具体如下：

第一，国家形象传播是一种综合性的传播，包含政治、经济、文化等多方面要素。如前文所述，国家形象本身就是一个多面体，包括政治、经济、文化等不同方面，那么国家形象传播必然也是一种综合了这些要素的国际传播。而在诸多要素中，政治性是国家形象传播的前提和基础，可以说，国家形象传播是以国家形象宣传为主题的一种跨国的政治传播，涉及新闻学与传播学、世界政治经济与国际关系、社会学、公共关系等多学科，是一项庞大的系统工程。特别是在全球化时代，它是多种要素统合而形成的一种“合力”传播，以实现最大化和最优化的传播效果。

第二，国家形象传播是一种具有长期性的、体现本国特色的国际传播。既然国家形象传播是一项综合多方面要素的传播行为，那么这一项传播就不会是一蹴而就的事情。之所以具有长期性，究其原因，一方面，国家形象本身是多变的，永远处于不断地改善、修复与建构中；另一方面，对受众而言，想要对一国国家形象概念的界定达成一定的共识也绝非一朝一夕之事，需要长期观察、横向比较、综合分析。

第三，国家形象传播是一种融合了传播方式与手段，泛化了的国际传播。随着信息时代的到来，当今世界是一个早已被“传媒化”了的世界。各种传播方式与手段的发展，使得任何要被传播出去的文本信息都带有“泛传播”的色彩，国家形象自然也不例外。一国的国家形象既然是个多面体，那么对它的塑造也就不可能仅通过一种方式来完成，而必须是多种传播方式与手段互相补充和配合的结果。

（2）国家形象的传播过程

根据形象学有关理论的分析，形象的源本体是物质世界，次级本体是物质运动过程中形成的信息。国家形象也有自己的“源像”，即其源本体和次级本体，也就是国家的客观状态及国家系统运动所产生的信息。而这一“源像”首先将经过国家系统的主控族群（是指一个国家内部对物质力量和意识形态的形成和再生产具有控制能力的族群）的描述和加工输出，使其带有强烈的该族群的意识形态色彩，以及主控族群的理想主义的色彩，实质上这就是国家形象在形成过程中自我建构的过程，即一国在自有文化知识结构的基础上对自我形象进行建构。同时，由于全球化的发展，“源像”又部分地为国际信道中传播者以及其他国家系统中的主控族群所直接描述，这种描述受到了意识形态、国际关系格局、国际形势等更多因素的影响，实质上，这就是国家形象在形成过程中他者建构的过程。而上述两种描述在国家系统的外部受众中被接受和加工，形成映像，一旦这一映像与其生活产生联系时，它们就会通过自己所能够达到的信道传输出来，并最终形成一国形象。

综上所述，国家形象传播的过程包括两个方面，即本国传媒构建本国的形象——“自塑”与外国传媒和国际媒体构建别国的形象——“他塑”。但无论是哪种构建方法，都必须借助国际传播。正如美国学者阿巴斯·迈勒克说：“媒体在国家本体与国家形象的提高方面有着极为重要的作用。每个国家都能通过控制国内媒介塑造本国的本体意识，而要影响本国的国家形象，则必须拥有全球媒介优势。”

（二）现代国际关系与国家形象传播的一般关系分析

第一次世界大战后，现代国际关系蓬勃发展，特别是 20 世纪 80 年代末“软实力”学说的提出，引起了世界各国尤其是西方大国对国家形象问题的普遍关注，他们竞相调整、改善或重塑国家形象，同时也带动了学术界对于如何利用国际传构建造积极的国家形象的研究，即国家形象传播的相关研究。

1. 现代国际关系与国家形象传播的互动

（1）现代国际关系为国家形象传播提供可能性

冷战结束以来，现代国际关系发生了深刻变化，经济全球化程度日益加深，一个统一的全球系统正在逐步形成。错综交织的经济利益使得世界各国的相互依赖程度不断加深，形成了一荣俱荣、一损皆损的利害关系。而现代国际关系的发展也为现代国家形象传播的发展提供了巨大的可能性，并为其发展创造了充分的平台和空间。

具体来说，在当前的时代背景和发展趋势下，处理好同不同国家间的关系，使不同国家的政治、经济、文化协调发展并最大限度地实现各自国家利益最大化就显得尤为重要。因此，为了实现这一目标，任何一个国家，无论其经济实力有多强大，在处理国际事务时都不能再我行我素。面对如此相互依存的国与国间的关系，随时关注自身的言行，设法赢得国际社会的信任和褒奖，才能确保不被国际社会孤立与“边缘化”。

现阶段，世界各国尤其是西方大国纷纷开始重视对国家形象传播的关注和研究，试图通过稳定、正面、积极的国家形象构建来促进国际交往中的成功。事实也证明，如果一国良好的国家形象被世界所公认，很

多矛盾、争端解决起来会更容易一些，其主张、作为比较容易得到理解和支持，从而起到事半功倍的作用。

（2）国家形象传播对现代国际关系的推动和促进作用

在全球化程度日益加深的大背景下，现代国际关系体系为国家形象传播提供了充分的平台和空间，也极大地促进了对国家形象的研究和发展。与此同时，在另一个层面，良好国家形象传播也可以在很大程度上推动和促进现代国际关系的发展。

正如前文所述，国家形象传播作为国际传播的一种，是将一国的信息、观念、理想等传播到其他国家的一种最为有效的渠道，也是沟通传播者与受众，沟通国家、民族、文化群体等集合体之间的一座桥梁。然而，各国之间的历史、文化存在着巨大差异，势必会为国与国之间的交往带来一定的阻碍。那么，如何减少阻碍、保障交往的顺畅，国家形象传播的沟通作用就尤显重要。它的介入引导了一种思潮，即在处理国家间的关系时可以从“形象”上作出判断，并在国际社会上大体形成由于国家形象传播的方式、性质、结果的不同而产生的两种国际关系导向。其一是良好的或是成功的国家形象传播促成良好的国际关系，使国家间关系呈现出彼此尊重，国家间交往和平友好、平等相待的特征；其二是残缺或是失败的国家形象传播造成敌对的国际关系，使国家间关系呈现出彼此误解甚至发生冲突的特征。

由此可见，国家形象传播是否畅通、成功，对未来国际社会中国与国之间关系有着重要的影响，甚至可以产生两种截然不同的国际关系模式。

2. 影响国家形象传播的因素分析

（1）国家的综合国力是影响国家形象传播的决定性因素

物质世界是形象的源本体，客观事物是产生主观映像的基础条件，国家形象也不例外。国家的客观状态，包括该国的政治、经济、文化与地理等因素，以及其国际传播实力都是产生国家形象的基础性条件，而上述这些方面也恰恰是一国综合国力的具体表现。也就是说，国家的综合国力是国家形象传播的根本支撑，是起决定性作用的因素。

"弱国无外交"，将这句话引用到国家形象传播的研究中，即"弱国无形象"，当然这绝不是对弱小、落后国家的歧视，而是尊重一个基本的事实。在当今世界政治舞台上，真正对世界格局、形势发展起着根本性作用的还是那些发达国家，很多弱小的国家在世界舞台几乎没有话语权，甚至连"抛头露面"的机会都没有，"良好形象"更是无从谈起。所以，一个国家的综合国力的强盛与否是形成良好国家形象的先决条件和根本条件。没有强大的综合国力，也就缺少了构建良好国家形象的方式和手段，也就没有资格去寻求所谓的国家形象。由此可见，国家实力是一个国家被世界所承认的基本条件，是一个国家进入世界政治舞台的资本。

（2）国际媒体是影响国家形象传播的主要因素

虽然在国家形象构建的过程中感觉和认知渠道是多层次、多维度的，信息也可以通过与他国国人接触等方式而获得，但更为集中的方式仍是通过以全球报刊、广播、电视、互联网等为代表的全球性的大众传媒，即通过国际媒体来传递有关该国的信息。

虽然一国的客观状态是产生国家形象的基础条件，但是国家形象并

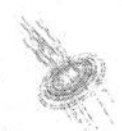

不是这些客观状态的简单反应，而是国家系统运动产生的信息经过国家主控群族、国际传播者和他国主控群族的系列描述、传输以及重复博弈，在社会公众头脑中加工形成的映像。在这个信息反复加工的过程中，国际媒体的作用是不可或缺的。一方面，随着科技的进步，迅猛发展的通信科技已将大众传播的地位推至一个前所未有的高度并渗透到社会生活的各个方面，它所传达的内容正在建构我们生活于其中的整个信息环境；另一方面，由于社会中每个个体的活动时间和空间受限，对于周围许多事务的了解大多无法做到亲历目睹，因此需要依靠大众媒体作为其主要的信息获知渠道，而当社会公众要去了解他国的各种情况的时候更是如此。因此，国际媒体对一国的描述与刻画，直接影响着公众对该国的认识、理解、看法和态度。

由此可见，国际新闻传播在国家形象构建的过程中起着举足轻重的作用，甚至在某种情况下，国际传媒在传播国家形象时不仅仅充当了一般的中介角色，而且往往是国家形象的“促销者”，是一种起到“催化剂”或“定型剂”作用的媒介，通过引导或制造舆论美化或丑化一国国家形象。鉴于此，有学者甚至提出，国家形象是一个国家在国际新闻流动中所形成的形象，或者说是一国在他国新闻媒介的新闻言论报道中所呈现的形象。

（3）国际传播文本是影响国家形象传播的基础

文本的概念一般在语言学、解释学、符号学、结构主义和后结构主义中经常使用，指的是由书写而固定下来的语言，但它又不是写下来的零散的语句，它是言语的作品，是一个构造起来的整体，其中不仅包括以文字语言符号构建的图书作品，还包括通过广播、电视、互联网等制作传播的声像作品、多媒体作品等。

在国家形象传播中，文本的概念无处不在，它是国家形象传播得以实现的基本构成要件，而传播者能否创制出易于受传者一方理解的文本，也成为实现有效跨文化传播的重要途径。所谓易于理解的文本，其基本要求便是与受众的“亲近性”，即文本的内容为其所需要，表达方式、思维方式、解读心理与其相一致。具体来说，首先，“亲近性文本”要求传播者所创制的文本，在时间、空间特别是利益上为受众所需要。因为只有那些受传者“此时此地”所需要的信息，其才会有兴趣接触，而有了兴趣才能真正去消化吸收，从而实现实际的传播效果。其次，“亲近性文本”要求传播者所创制的文本在符号表达方式上与文本解读者相一致，即在向不同国家的新闻受众进行形象传播时，不能采取千篇一律的传播方式，要做到因地制宜。再次，“亲近性文本”要求传播者所创制的文本，在思维方式上与文本解读者的思维方式比较接近。比如，对于西方受众进行形象传播时，应采取其易于理解的具体性思维方式去创制文本；而对于东方受众，则应采取整体思维方式、模糊思维方式去创制文本。最后，“亲近性文本”要求传播者所创制的文本在心理上与文本解读者形成某种契合，包括他们的认知心理、情感心理、审美心理等，因为只有把握了他们的接受心理，理解他们深层的民族心理特征、价值态度或价值取向，才能使形象传播更具针对性，从而实现最佳的传播效果。

（4）国际受众是影响国家形象传播的重要因素

受众是传播学领域不可能不涉及的领域，尤其是在当今“以人为本”的时代，更应该将对受众的关注摆在传播学研究的重要位置。同

时，随着国际传播的迅速兴起，国际受众的概念也应运而生。那么，何为受众与国际受众呢？

受众是相对于传者的一个概念，是传者发出传播信息的接受者，是传播过程的归宿。以此类推，国际受众也就是指国际社会中信息的接受者。从某种意义上讲，受众是一个被动的角色，但在国际传播泛化的今天，受众与传播者之间已经改变了单一的单向传播方式，彼此间的互通得到了增加，而这一点在国家形象传播中体现得更为明显，因此，对国际受众的研究也就成为国家形象传播的一个重要方面和手段。具体来说如下。

首先，研究中要认识到国际受众的基本特点，即复杂性和多样性。

在特定的国家形象传播过程中，应当对特定受众群体进行分别对待。那种仅仅依靠话语的单一的宣传方式，来对国际受众进行信息传播是不会成功的。例如，面对美国和中东某些国家的受众，在传播语言、传播方式上都要有所变化，不能统而画一。

其次，要认识到国际受众的重要作用，即实现传播效果。人们进行国际传播无疑是有目的的，其最终的目的就是实现传播效果。而这种效果也要取决于受众的接收方式，特别是在进行国家形象传播时，非本民族、本国、本文化的受众对外域的信息来源有一种本能上的自我理解方式，这些特性会不可避免地影响到接收信息的效果，即国家形象塑造的结果。具体来说，受众对传播信息的接受存着三种方式，其一，倾向式，即受众对传播信息的全部接受，而其所带来的传播效果往往是最大的，对受众的影响也是最大的；其二，反抗式，即受众对传播信息的拒绝接受，而其传播效果无疑是失败的；其三，协商式，即受众对传播信息有理智地选择接受，而其传播效果也较难判断，通常是介于倾向式和反抗式之间。

由此可见，把握不同受众的不同特点，以最恰当的方式进行国家形象传播，以求取得最大的传播效果，是构建积极、正面国家形象的重要方面。

（5）传播理念是影响国家形象传播的观念因素

所谓国家形象传播的基本理念，指的是一国媒体塑造本国形象和他国形象的哲学轴心——具有意识形态倾向的世界观和价值观，即作为塑造行为主体的媒体在构建和传播国家形象这一客体时的基本看法和价值取向。而这种价值观又因为媒体在社会或国家中所代表身份的不同而包含两个层次：一方面，媒体作为一种相对独立的社会性机构，有其自身的运作规律和职业规范，因而具有特定的新闻价值观；另一方面，媒体作为社会或国家这架大机器的一个零部件，在和社会或国家其他子系统组织协调运作时，又与社会其他成员保持有共同的社会价值观。

由此可见，由此可见，国家形象传播中的意识形态因素是无处不在的。因此，在对国家形象进行构建的过程中，不能忽视对意识形态因素的考虑。而不同的媒体或者说不同国家的媒体，在构建一国国家形象时，由于其意识形态倾向、价值观和世界观的差异，势必会导致其在具体的传播过程中形成不同的传播理念，从而形成不同的坐标参照系，而在不同的坐标参照系下自然会映照出不同的国家形象。也就是说，即使同一个国家，在不同媒体的塑造下也会形成截然不同的国家形象。具体来说如下。

首先，当被塑造的对象符合塑造者的价值取向（即利益一致）时，

将被放入第一象限（正象限）。此时，无论从横向看还是纵向看其形象都是正向的，即无可挑剔的。也就是说，不管被塑造国的本体如何，其所塑造出的国家形象都将是正面的、积极的。其次，当二者的价值取向不一致时，则将被放入第三象限（负象限）。此时，即便被塑造国的本体非常优秀，其所塑造出的国家形象也会不尽如人意，出现被歪曲、丑化的情况。最后，当二者的价值取向部分要素符合、部分要素不符合时，将被放入第二、第四象限（正负象限）。此时，被塑造的国家形象则介于前两者之间，既有正面的可能也有负面的可能。

由此可见，传播理念作为一种观念和意识形态的因素，在国家形象传播过程中的作用是不可忽视的。

（三）各国国家形象传播策略分析

此前，美国《时代》周刊进行了一项民意调查，对美国、英国、日本、韩国、中国等12个主要国家的国家形象进行评估和排名。结果显示，日本以54%名列榜首，英国为45%，中国以42%位列第五，而超级大国美国则跌出前五名。通过分析我们可以发现，一方面，国家形象的构建和传播在国家对外战略中的地位得到了明显提升；另一方面，排名中支持率较高的国家，诸如日本、韩国、英国等，其构建国家形象的策略均有独到之处，尤其值得吸收和借鉴。

1. 日本以经济外交为手段的国家形象传播策略

结合上文中关于影响国家形象传播因素内容的分析可以发现，综合国力是影响日本国家形象传播的关键，其中，强大经济实力在战后日本构建成功的国家形象上更是功不可没。也正是凭借着经济外交的运用，日本在战后国家形象的构建上获得了一定程度的成功。

具体来说，二战结束后，作为战败国，日本在政治、军事和安全方面实施对外政策和外交行为的可能性与自由度受到国际社会和国际法的极大限制，无法在政治外交和军事安全领域运用军事手段扩大国际影响，只能另辟蹊径、扬长避短。因此，以吉田茂为代表的“败于战争、胜于外交、胜于经济”的思想成为战后几十年间日本外交的指导原则。而事实也证明，经济外交一方面大大促进了日本经济的再度崛起，另一方面也为日本塑造出了一个经济大国的国家形象。也正是在这个过程中，战后日本形成了典型的以经济外交为手段的国家形象传播策略。而这一典型的经济外交策略在具体的国家行为实践中，又主要体现在对外大量的经济援助以及优质的品牌战略上。

二战后，战败国日本对许多国家提供了长期低息贷款或无偿援助，这就在很大程度上改善了日本在国际上的国家形象。如日本的政府开发援助项目（简称 ODA），即作为发达国家对发展中国家提供的赠与比率不低于 25% 的大规模经济援助。据资料显示，日本的 ODA 在 1989—1996 年间超过美国，成为世界第一援助大国，占 OECD 成员国提供 ODA 总额的 1/4 以上。正是通过这些援助项目，日本的国家形象在一部分国家中得到了一定程度的改善和提高。

二战后，伴随着日本经济的快速发展，日本企业在激烈的竞争中逐渐学会了灵活的市场策略和海外扩张本领，而且也明确了技术、质量和成本的重要性。因此，日本以质量控制、成本控制和竞争意识为支撑的名牌战略得到了更广泛地贯彻和实施。我们可以发现，日本品牌在设计、制作和质量上精益求精，但其价格却大大低于欧美品牌，这便使许

多质优价廉的日本名牌家用电器、照相机、汽车等进入世界各国的大众家庭，并涌现出丰田、东芝、佳能、优衣库等一大批全球驰名品牌。毫无疑问，优质的品牌在为日本争取市场、创造经济价值的同时，也在消费者心目中树立和传播了良好的国家形象，为日本成功塑造国家形象作出了贡献。

2. 韩国以“韩流”为手段的国家形象传播策略

随着国家形象研究在国际关系领域的日益重要，早在20世纪90年代，韩国外交通商部、文化观光部、国政弘报处、海外弘报院和财政经济部等各部门就开设了提升国家形象业务的部门，着手研究国家形象构建与传播，分析政府和有关机构推进和提升国家形象的活动，并探索更有效的改善方案。

同日本利用经济外交手段改善和提高国家形象不同，韩国在本国国家形象的构建上更多的是在国际传播文本上下功夫，即更多地关注国家形象的传播内容，着力发展文化产业，大吹“韩流”之风。

可以发现，从1999年到2001年的三年时间里，几乎在一夜之间，以韩国大众流行文化为代表的“韩流”，包括游戏、电视剧、电影等一举进入了日本、中国等亚洲国家乃至世界许多国家的文化娱乐市场，这不仅为韩国赚取了大笔外汇，更为韩国国家形象的构建与提升立下了汗马功劳。可以说，“韩流”之风让人们认识了一个时尚、细腻、唯美的“意料之外”的韩国。

当然，随着“韩流”的不断升温，韩国政府已经不满足流于表面，开始愈发重视对“韩流”更深层次的研究和开发。早在2005年初，韩国总理就主持召开专门国务会议，讨论“政府对‘韩流’的持续和扩散的支援方案”。会议决定政府要为以民间为主导推进的“韩流”活动创造条件，其中包括：培养具有主导文化信息创作和策划能力的高级核心人才；政府出面设立文化产业研究生院；加强文化产业基础设施建设，对一些大型文化项目进行经济支援，成立管理投资资金的专门公司，做到专款专用；采取措施保护著作权；为缓解部分国家对“韩流”产生的排斥情绪，决定每年引进并上映部分亚洲国家的优秀影片等。

此外，韩国还设立了许多相关机构来推广韩国文化，包括在首尔建立“韩流发祥地”；在北京、上海等地建设“韩流体验馆”；由民间专家学者组建“亚洲文化交流协会”，对出口的文化内容质量把关，防止因出口劣质文化产品而降低外界对“韩流”文化产品的信任度；对“韩流”文化盛行国家和地区的使领馆加派文化官员等，力求从组织上保证“韩流”的影响力。由此可见，“韩流”已经成为韩国政府完善和提升韩国国家形象的有力手段和方式。

与此同时也可以发现，随着“韩流”影响力的不断扩大，以“韩流”为代表、融合韩国自身特色和优势资源的韩国文化产业也已渐入正轨，并被韩国政府作为“不可动摇的国家政策”持续推进，而这也恰恰形成韩国构建国家形象最有效的运作机制。从针对大型国际活动而设立的零星机构，到毫不动摇的文化政策和逐步完善的法律基础、机构设置，韩国正在依靠自己的力量形成健全的国家形象，而事实也证明，通过成功举办奥运会、世博会、世界杯等大型国际活动，以及近年来在日本、中国和东南亚国家盛行的“韩流”，韩国已被塑造成为富有活力的科技韩国、文化韩国、文明韩国的形象。

3. 英国以大文化管理机制为模式的国家形象传播策略

同亚洲的日本、韩国相比，在国家形象传播上，英国更重视的是对文化产业以及创意产业的发展，并力求做到将之系统化和规范化。

促进文化产业化。英国实行的是三级文化管理体制，第一级是政府层面，包括中央政府和地方政府及所属文化行政管理部门；第二级是与各级政府对应的、作为准自治区政府公共组织；第三级是各种行业性的文化联合组织，如电影协会、旅游委员会等机构。而所谓文化产业化，即由准官方组织来经营文化机构。英国政府除进行资金支持外，在文化机构的管理上仅起到引导的作用，真正管理的职责由非政府公共组织承担，而在具体的运作中，大多数文化机构（包括国家和地方的）都采取自负盈亏、自主经营的方式创收。其中的特色之处便是非政府公共组织的成功运作。所谓非政府公共组织，指的是介乎政府与具体文化单位之间的中介机构。在英国，政府不干预文化市场的具体运作，资助主要通过政府委托非政府公共文化机构实现对文化事业的财政支持，一般只占这些机构收入的30%左右，其余全靠自创收入和社会赞助。各类中介非政府公共文化机构通过具体分配拨款的形式，负责资助和联系全国各个文化领域的文化艺术团体、机构和个人，形成全社会文化事业管理的网络体系。可以说，也正是这样一种文化管理体系，为英国国家形象构建和传播奠定了基础，并提供了有力支撑促进创意产业的发展。所谓创意产业，是指那些从个人的创造力、技能和天分中获取发展动力的企业，以及那些通过对知识产权的开发可创造潜在财富和就业机会的活动，通常包括广告、艺术、电影与录像、表演艺术、. 出版业、软件、电视和广播、旅游、文化遗产和体育等。1997年，英国首次提出发展创意产业，其主要目的便是改变世人心目中老朽没落的帝国旧形象，重塑其在发达世界的核心竞争力和时代强者形象。其中最为值得一提的是，2003 年 4 月到 2004 年 1 月，由时任首相布莱尔亲自充当形象大使，英国文化协会和英国驻华使馆以“中英共创未来”为主题，在北京、上海、广州、重庆四大城市举办“创意英国”宣传活动，将现代英国在各个层面的创新成果以及现代英国人的革新意识与创造精神全面展现给中国人民。

由此可见，英国在文化管理上已经形成了成熟的管理体系，能够联合国家各相关部门、组织，形成大文化管理机制。也正是通过这一系列规范化、系统化的举措，英国正在逐步改变没落的帝国旧形象，塑造新形象。

4. 对各国国家形象传播策略的吸收与借鉴

综上所述，虽然各国根据不同国情及各自的国家战略在国家形象构建和传播上采取了不同方法和策略，但我们可以从中总结出一些共同之处，易于我们对其吸收和借鉴。具体来说如下。

首先，要从国情出发找准自身国家形象的定位。从以上各国的经验来看，这些国家都有一个潜在的共同性，就是非常注重从本国国情出发，结合自身的特点，对国家形象的树立给出明确的目标和定位。例如，英国形象是绅士的，法国则是优雅的，而德国是严谨的，美国是自由的，那么，对于我国这样一个历史悠久、民族众多、地域广阔的国家来说要如何确定自身国家形象的定位呢？可以说，长期以来，在国家形象的定位上，我们并没有给予高度的重视。而随着国家形象作用的日益凸显，我们必须从自身特点、优势出发进行明确的战略定位，形成特色

品牌并长期贯彻下去。

其次，要有效整合资源，形成构建国家形象的系统工程。构建国家形象并不是一项简单的任务，而是一个系统、复杂工程。因此，需要从国家发展战略的高度来统筹规划，整合各类资源，分阶段、有步骤地实施。其中最值得一提的便是对英国文化产业机制的借鉴，即重视非政府力量在国家形象构建中所发挥的重要作用。虽然对外塑造和构建国家形象大多由政府主导，但各国在具体实践中则多由非政府组织出面，政府只是起协调和指导作用。例如，有大量的志愿者在国外从事语言教学、环保、人道主义救援、健康等方面工作，这在某种程度上也树立了所在国家的正面形象。因此，我们要重视、引导和支持非政府组织之间的交流与合作。

再次，在传统文化与当代文化间找寻结合点。正如上文所述，韩国国家形象传播策略发展经验告诉我们，打造文化品牌、发展创意经济，意义不仅在于经济层面，更重要的是对民族文化的传承。而现阶段，我们的欠缺之处就在于我们缺少传承优良文化传统的信念，少有创新之举。正如上文所述，韩国国家形象传播策略发展经验告诉我们，打造文化品牌、发展创意经济，意义不仅在于经济层面，更重要的是对民族文化的传承。可以说，中国是历史上最富有文化积淀和创造精神的国家，但进入现代以后，在如何把创意转化为经济价值却后劲乏力。有报道称，中国每年制造业的顺差大都用来购买美国大片、日本动画、韩国游戏，比如《三国演义》被改编成日本动画和韩国游戏后，回到中国赚得盆满钵满。由此可见，在当今世界，文化创意产业、文化创意人力资本的价值对一个国家的发展来说意义重大，我们对此应给予高度重视。

（四）从国家形象传播的角度看中国国家形象构建

综上所述，良好的国家形象有助于国家在国际交往和竞争中占据主动，有效地实施国家发展战略、实现国家利益。现阶段，随着我国经济的飞速发展和国际影响力的不断扩散，与国际社会政治经济合作的日益频繁，关注中国的国家形象问题已经成为一个不容回避的话题。然而，由于传统上政治、经济、文化和意识形态等领域的分歧，中国的国家形象时常被严重歪曲、误读甚至“妖魔化”。而在全球相互依存的今天，这种歪曲和误读势必会影响我国在国际上的地位和声誉，破坏我国参与国际社会的良好前景。因此，在深刻了解现阶段我国国家形象现状的基础上，增强我国国家形象构建意识，利用各种形式的对外传播活动构建我国良好国家形象势在必行、不进则退。

1. 中国国家形象传播的历史沿革

（1）中国共产党成立初期至新中国成立前中国国家形象传播

1921 年 7 月 23 日，中国共产党第一次全国代表大会在上海召开，标志着中国共产党的正式成立。成立之初，中国共产党就十分重视对外新闻宣传工作，因为长期的斗争实践已经使我党认识到“打哑巴仗”是要吃亏的。在这一思想指导下，中国共产党尽一切力量创办对外宣传阵地，在自己没有对外宣传手段的情况下，非常巧妙地利用外国新闻机构和新闻记者进行对外宣传报道，打破了国民党反动派对中国共产党的妖魔化宣传，有力地配合了党的军事斗争、政治斗争和外交活动。

其中，在利用外国新闻记者进行宣传上，最值得一提的便是美国记者斯诺对陕北苏区的采访和报道，以及其带来轰动效应的著作《西行漫

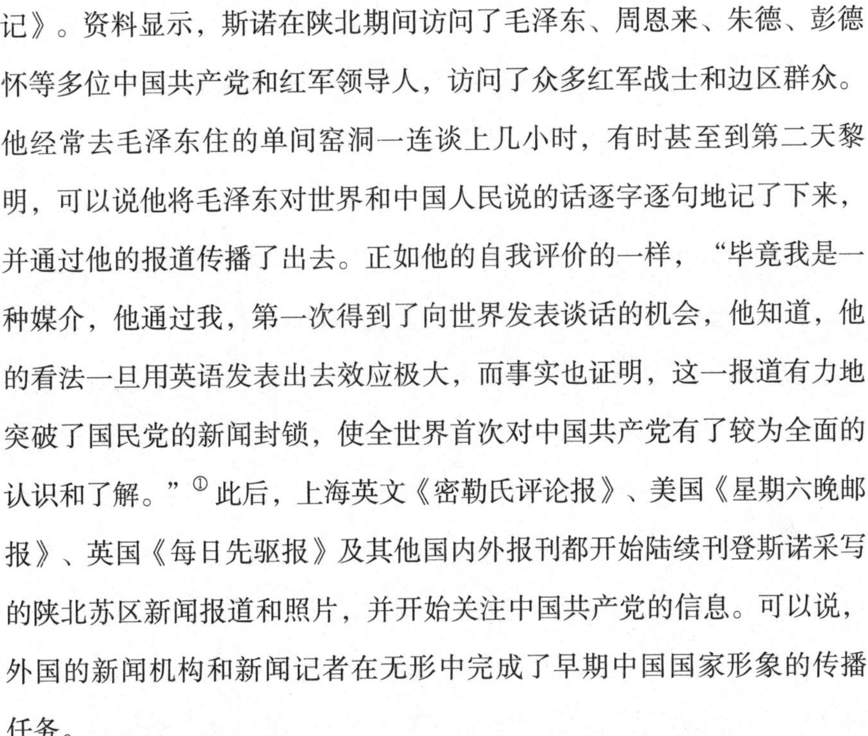

记》。资料显示，斯诺在陕北期间访问了毛泽东、周恩来、朱德、彭德怀等多位中国共产党和红军领导人，访问了众多红军战士和边区群众。他经常去毛泽东住的单间窑洞一连谈上几小时，有时甚至到第二天黎明，可以说他将毛泽东对世界和中国人民说的话逐字逐句地记了下来，并通过他的报道传播了出去。正如他的自我评价的一样，“毕竟我是一种媒介，他通过我，第一次得到了向世界发表谈话的机会，他知道，他的看法一旦用英语发表出去效应极大，而事实也证明，这一报道有力地突破了国民党的新闻封锁，使全世界首次对中国共产党有了较为全面的认识和了解。”① 此后，上海英文《密勒氏评论报》、美国《星期六晚邮报》、英国《每日先驱报》及其他国内外报刊都开始陆续刊登斯诺采写的陕北苏区新闻报道和照片，并开始关注中国共产党的信息。可以说，外国的新闻机构和新闻记者在无形中完成了早期中国国家形象的传播任务。

（2）新中国成立初期到改革开放前中国国家形象传播

1949 年，在经历了长达 28 年的浴血奋战后，中华人民共和国成立了。然而，对于刚刚成立的新中国来说，艰难、复杂的国际国内环境致使其今后的发展困难重重。具体来说，在国际上，新生的中国政权要经受以美国为首的资本主义阵营的威胁和封锁；在国内，新中国经历了政权的更迭和新旧社会的交替，因此，建设社会主义、发展社会主义经济、奠定坚实的物质基础成为新中国的首要任务。鉴于此，在国际社会传递中国共产党和政府的声音，塑造中国在国际上的良好形象，争取国际舆论的同情和支持至关重要。

① Edgar Snow. Red Star Over China [M]. London: Victor Gollancz, 1937.

因此，新中国成立之后，中国将对外宣传工作提上了重要议程，并得到了蓬勃发展，一个包括对外新闻通讯、广播影视和外文书刊等多种传播媒介在内的、相对完整的对外宣传体系开始形成，并逐步向多渠道、多层次、多品种的方向发展。可以说，这一时期的对外宣传在完整地展现新中国崭新的国家形象、传播国家的立场和主张、驳斥敌对国家的攻击与诬蔑、营造有利的国际舆论环境等方面发挥了重要作用，向国际社会展现了一个朝气蓬勃、欣欣向荣的新中国。但同时我们也不得不承认，由于当时国内的特殊政治氛围，以及由国际环境决定的对外政策，中国在国家形象传播上也打上了鲜明的时代烙印。特别是进入 20 世纪 70 年代以来，国际国内形势发生巨大变化：在国际上，中国同以美国为首的西方资本主义阵营的关系趋向缓和，而同前苏联等社会主义国家的关系却紧张起来；在国内，“左”倾思潮泛滥，“大跃进”以及反右斗争扩大化，甚至后来的“文化大革命”等在很大程度上影响着新中国的对外宣传工作。可以说，在这一时期，新中国成立以来行之有效的对外宣传的方针、原则和方法被全盘否定，外宣任务被压缩，外宣队伍受到摧残，一些有影响的外宣刊物也遭遇停办。

（3）改革开放后中国国家形象传播

1978 年，在结束了历时十年的“文化大革命”后，党的十一届三中全会胜利召开，确立了改革开放等一系列大政方针，为中国经济、社会的全面发展指明了道路和前进方向，同时，也为中国国家形象的传播与塑造带来了新的发展契机。也正是从这一时期开始，中国开始全方位重塑国家形象，初步改变了我国对外宣传事业与国际地位不相称的状况。

具体来说，以对外传播的规模和手段为例，资料显示，到 21 世纪初，中国已有几十套电视节目通过卫星覆盖全球，其中中央电视台开办的国际频道和英语频道已覆盖全球98%的国家和地区；在对外广播方面，中国对外广播的语种、播出时间、发射功率和听众来信四项指标在世界各国对外广播中均居前列；在纸质媒体上，中国现有的两家中央级对外发行报纸《中国日报》和《人民日报（海外版）》，前者发行至世界150多个国家和地区，后者亦可发行至世界80多个国家和地区；在出版发行上，中国书刊市场已拓展到了180多个国家和地区，累计每年可向海外发行中外文书刊6000余种、800万册。此外，我国在国家形象传播的组织形式上也开始渐入正轨。现阶段，全国绝大部分省、区、市都成立了对外宣传小组，中央及地方的一些部门和主要的驻外使馆也加强了对外宣传的力量，中央40多个部委和群众团体设立了新闻发言人制度，尤其是外交部每周一次的新闻发布会取得了显著效果等。2021年5月31日，习近平总书记在主持召开中共中央政治局集体学习时强调，要深刻认识新形势下加强和改进国际传播工作的重要性和必要性，下大气力加强国际传播能力建设。在此背景下，地方国际传播中心建设驶入快车道，仅2023年就有十余家省级国际传播中心挂牌成立，成为我国国际传播能力建设向纵深发展的重要标志，从中央到地方的矩阵式、立体化大外宣格局进一步夯实。

由此可见，改革开放以来，中国在国际传播事业上的发展、在宣传内容上的改变和在对外宣传效果上的提升，都在很大程度上改善了中国的国家形象。改革开放后，中国开始以现代化建设为中心，在这个背景下，中国的国际传播也认真贯彻这一大政方针，坚持从“抓住机遇、深化改革、扩大开放、促进发展、保持稳定”的大局出发拓宽宣传领域、改进宣传方法、提升宣传时效，向全世界全面地介绍中国，增进世界人民对中国的了解，树立和维护了社会主义中国的正确形象，为中国的改革开放和现代化建设创造了良好的国际舆论环境，为祖国统一和人类和平进步事业作出了贡献。经过数十年的努力，一个爱好和平、政治上安定团结、经济上高质量发展、人民生活显著改善且正在和平崛起的负责任大国形象逐渐形成。

2. 中国国家形象现状分析

如上所述，中国从中国共产党成立之初就开始重视对国家形象的构建，特别是改革开放以来，中国经济快速发展、综合国力显著增强，而这势必需要在国际社会中度身定位自己的形象，以赢得国际社会的认同。然而，中国在国家形象构建上并不是一帆风顺的。尽管长期以来，中国一直在努力将自身塑造成为“独立”“稳定”“合作”“负责任”的大国形象，但西方国家“中国威胁论”等论调仍然不绝于耳。由此可见，在构建国家形象的道路上，我们仍任重而道远。

（1）中国所要构建的国家形象

一直以来，中国对国家形象的构建都给予了高度重视。1949 年新中国的成立，第一次改变了旧中国积贫积弱、任人宰割的形象。改革开放以来，邓小平同志多次强调：“无论如何要给国际上、给人民一个改革开放的形象。”进入 21 世纪，中国对自己和世界的认识发生了重大变化，随着综合国力的提升和改革开放的深化，中国对自己的世界地位、未来发展充满了信心，因此，在国家形象的构建上也进一步体现出积极、合作、有所作为的姿态。也正是在这样的思想指导下，中国开始在

国际舞台上扮演起更为活跃的角色。具体来说如下。

首先，中国所要塑造的是稳定、发展、综合国力不断增强的大国形象。改革开放以来，我国政府对稳定和发展给予了高度重视。党的十七大报告指出，我们党实施现代化建设“三步走”战略，推动我国以世界上少有的速度持续快速发展起来。我国经济从一度濒于崩溃的边缘发展到总量跃至世界第四，进出口总额位居世界第三，人民生活从温饱不足发展到总体小康，政治建设、文化建设、社会建设取得了举世瞩目的成就。党的十八大以来，截至2021年底，我国国内生产总值114万亿元，人均国内生产总值81 000元，建成世界上规模最大的教育体系、社会保障体系、医疗卫生体系，国家财政收入超过20万亿元，外汇储备超过3万亿美元[①]。可以说，中国的稳定和发展不仅使中国人民走上了富裕安康的道路，也为世界经济发展和人类文明进步作出了重大贡献。

其次，中国所要塑造的是维护世界和平、促进共同发展的大国形象。和平与发展是时代主题，求和平、谋发展、促合作已经成为不可阻挡的时代潮流。一直以来，中国就是一个爱好和平的国家，反对一切侵略和霸权主义，坚持走和平发展道路。因此，在国际交往中，中国始终遵循《联合国宪章》的宗旨和原则，恪守国际法和公认的国际关系准则，弘扬民主、和睦、协作、共赢精神；坚持国家不论大小、强弱、贫富一律平等，不干涉别国内部事务，不把自己的意志强加于人；对于国际争端和热点问题，坚持和平解决，反对一切形式的恐怖主义；在军事上，奉行防御性的国防政策，不搞军备竞赛，永不称霸、永远不搞扩张

① 国家统计局．党的十八大以来经济社会发展成就系列报告之十 [R]. 北京：国家统计局，2021.

等。而事实也一次次证明，这一系列主张和做法在国家形象构建上确实取得了良好的效果。

再次，中国所要塑造的是积极参与国际事务并发挥一定作用的负责任大国形象。冷战结束后，中国领导人多次发表讲话，向国际社会庄严承诺，中国人民愿意并且能够在需要的时候积极履行一个大国应尽的责任和义务。事实也证明，中国在伊拉克武器核查危机、亚洲金融危机以及“9·11”后的一系列国际性重大事件的处置上，都充分发挥了一个负责任大国应该发挥的作用。特别是近年来，中国在共建“一带一路”、抗击新冠疫情、应对气候变化、支持联合国维和行动中发挥了重要和建设性的作用，充分展示了负责任大国的胸襟和担当。

（2）西方国家视野中的中国国家形象

如上所述，稳定、发展、合作、负责任的大国形象，是一个令中国人自豪和推崇的国家形象。但毋庸讳言，这种形象在一定程度上仍是我国政府和公众对自身形象所作出的自我定位和评价，是我们所希望构建的中国国家形象。也就是说，它同实际的或是说西方国家视野中的中国国家形象仍存在一定差距。

从历史上看，在西方国家视野中，从《马可·波罗行纪》开始，中国就受到了西方人的景仰。法国思想家伏尔泰说：“我们不能像中国人一样，真是大不幸！”但是，启蒙运动过后，西方进行着轰轰烈烈的工业革命，他们眼里的中国变得落后而愚昧，特别是鸦片战争后，中国的国家形象一落千丈。直到新中国的成立，西方人才开始正视中国，但也是在迷惑中反复。厦门大学闽江学者特聘教授周宁在《天朝遥远》一书中叙述了新中国半个世纪国家形象的沧桑巨变：“新中国一成立，在西

方人眼中，中国陷入了共产主义的专制和奴役。但是，20世纪60年代在‘左翼’思潮的影响下，中国又成了朝圣者的乌托邦，而“文革”则打碎了这种迷梦。”

进入21世纪，随着中国经济以及综合国力的不断提高，中国在西方国家视野中的国家形象又发生了巨大的变化。2004年，中共中央党校前副校长郑必坚提出了“和平崛起”的理论，并指出了中国和平崛起的必要性和可能性，希望借此提升自己的国家形并指出了中国和平崛起的必要性和可能性，希望借此提升自己的国家形象。而这一思想也在相当程度上成为外国人对中国的主要看法之一。2004年10月，德国《明镜》周刊推出专题报道《中国：超级大国的诞生》。此后，这一论题也受到世界各大媒体的追捧，美国《新闻周刊》《时代》杂志、加拿大《环球邮报》、英国《卫报》，以及CNN、BBC都在谈论中国崛起。“中国发展太快了！”这句话已经成为很多外国人的感受。由此可见，中国的快速发展为中国国家形象的全面提升起到了积极的促进作用。但与此同时，“和平崛起”的提法以及中国的快速发展也在一定程度上引起了西方国家的疑虑和不安。于是，在一些政客和媒体的炒作下，“中国威胁论”即认为中国的崛起对亚洲及世界的和平与稳定构成威胁的观点、理论和思潮又一次抬头，“经济威胁论”“军事威胁论”“能源威胁论”等一系列论调不绝于耳。

以经济领域为例，在很多西方国家的眼中，中国自身经济上的快速发展同时，也给世界其他国家的经济发展、经济利益带来了巨大威胁。比如一些西方人士认为，中国以其低廉的劳动成本优势向西方国家的国内市场倾销产品，同时又阻止西方国家的产品和资本大规模进入中国市场，这势必会造成中西方国家的贸易不平衡；而随着中国贸易顺差的加大以及吸引外资能力的提高，西方的工业必将大规模地转向中国，从而造成西方国家失去数以万计的就业机会。与此同时，一些国家的媒体和学术界人士也认为中国在经济快速发展的同时，势必也会追求军事上的发展，而中国的军力发展已经超出了国防建设的需要，而这一发展又势必会对某些国家在某些地区的利益构成威胁。美国前国防部长拉姆斯菲尔德早在 2005 年夏天就提到："既然没有人威胁中国，那怎样解释中国增长的投资和军购？"

由此可见，在中国国家形象的问题上，中国人对自己的认知和外国人对它的看法之间确实存在一定的差距，正如国家外文局前局长林戊荪所说："事实上有两个中国，一个是西方国家在极力丑化的中国，一个是中国所要积极构建的中国。"毫无疑问，奥运会是树立国家良好形象的良好机遇，也是主办国向世界展示风采的形象广告，北京奥运会自然也不例外。从申办成功开始，我国各方面都希望以此为契机对外传播具有悠久历史的中华文化，树立文化中国的形象，但在世界上仍存在着意识形态差异的今天，并非所有国家都乐意中国如实地向世界展示自己的真实形象。一些外国媒体，特别是西方媒体在对我国进行报道时往往聚焦存在的问题，有时甚至进行歪曲性报道。例如，在对奥运圣火的传递过程中所发生的事件报道上，如美国 CNN，法国《费加罗报》《解放报》等严重歪曲事实。可以说，这种对舆论的误导严重影响了公众对中国的正确认识和了解。由此可见，西方国家视野中中国的国家形象并没有真实地反映中国。

（3）中西方视野中中国国家形象落差产生的原因

如上所述，现阶段中国的国家形象已不再仅仅是由简单的"好"和

“坏”所能涵盖的，其中最大的问题是中西方视野在这一问题上的不同。而相关资料显示，在国家形象的构建方面，外国人对中国国家形象的看法是值得关注的，特别是要关注世界主流媒体中所反映出来的中国国家形象。当然，这并不意味着我们要迎合世界主流媒体的传播需要，而是需要找出中西方在传播国家形象上的不同，在进一步完善自身实在的基础上，借助它们进行更加巧妙的传播，以使国际传媒环境有利于良好的中国国家形象的构建。

鉴于此，可以从中方和西方两个方面入手分析中西方视野中中国国家形象的差异，具体来说如下。

首先，从中国方面来讲。第一，不善于充分地解释和表达自己，特别是不善于利用世界主流媒体进行对外宣传是造成这一现象的首要原因。第二，传播观念的落后限制了中国国家形象的构建，大部分国内媒体的传播观念仍然停留在重视国内的宣传而忽视国际宣传，或者在国际传播时仅简单、机械地将国内事件进行编译报道，并没有树立充分的国际意识。如上所述，改革开放以后，中国的国家形象构建研究才被正式提上日程并渐入正轨，这也就难免造成中国在国家形象构建理念上的滞后。第三，传播方式与传播力量的不足严重制约了我国媒体在国际领域进行国家形象构建。对于西方国家来说，利用国际传播进行国家形象构建的研究和实践早已习以为常，但对于中国来讲这仅仅是一门初级学科，加之我国在传播观念上落后也导致传播手段与传播力量的滞后。第四，对西方受众的不了解导致我国媒体在进行国际传播时不能做到有的放矢，正如上文所述，受众是影响国际传播效果、构建国家形象的重要一环，而西方受众由于其地域背景、文化背景等方面同中国受众都存在着很大的不同，而我国对西方受众研究的时间与投入都严重不足，势必制约国际传播中国家形象构建的效果。鉴于以上原因，许多西方人初次到中国旅游和参观访问后总会惊讶不已，他们惊叹于中国文化的博大精深和人民生活水平的不断提高，特别是改革开放以来，他们看到的是一个蓬勃发展、充满自信和生机勃勃的中国，而这些往往与他们在西方媒体上获得的有关中国形象的报道有着天壤之别。

其次，从西方国家方面来讲。第一，伴随着中国综合国力的不断强大，许多西方国家担心中国经济的发展会给世界其他国家的经济以及经济利益带来巨大威胁，于是有关“中国威胁论”的论调甚嚣尘上。第二，传统上中西方国家在政治、经济、文化和意识形态等领域的分歧，使得西方世界在解析另一种文化时只能从自己根深蒂固的文化认知出发，因此难免出现曲解、误读，而国际传播中又掺杂了更为复杂的政治和意识形态等因素，就使得这一现象更为多见。正是在这些原因的影响下，西方国家在对中国国家形象的宣传上往往是严重地歪曲、误读甚至是“妖魔化”的。第三，西方国家利用话语霸权，限制了中国国家形象的传播。在国际传播领域，话语权是不可忽视的问题之一，而英语作为联合国第一官方语言在国际传播领域中的作用自然不可小视，也正是利用这一优势，西方国家才在国际传播中占据明显优势。

结合以上原因，以美国为例进行分析。长期以来美国媒体对中国的报道一直是消极的、负面的，还经常使用容易引发美国民众敌意的标题、词汇或漫画，比如以张牙舞爪的龙或狮来“妖魔化”中国。澳大利亚前总理霍克就曾引用过美国斯坦福大学一位教授的统计：从 1996 年之后的几年时间内，包括《纽约时报》《华尔街日报》及《时代周刊》

等在内的美国主要媒体出现的关于中国负面报道与正面报道比例高达30 ∶ 1。另据对《纽约时报》1993 年至 1998 年间全部涉华报道的分析，其涉华报道共 3930 篇，其中负面报道 2175 篇，占 55%；中性报道 1736 篇，占 44%；正面报道仅 19 篇，占 1%。

3. 中国国家形象构建的传播策略

正如前文所述，国际传播在国家形象的建构中起着主导的作用，因此要分析一个国家的国家形象，探讨有效的国家形象传播策略，就要着重分析如何利用大众媒体对我国进行报道和传播，使报纸、广播、电视、互联网等媒体形态真正成为服务于我国外交事务、有助于我国国家形象构建的“左膀右臂”。而在这个过程中，首先就是要有强大的综合国力和先进的传播理念，为国家形象的构建提供保障和支持；其次就是要求我们既要依靠自身力量，通过“我方说”使世界更加了解中国，同时也要通过“对方说”使世界对我们的报道更加信服。

（1）提升综合国力为中国国家形象传播提供物力保障

如上所述，综合国力是影响国家形象传播的决定性因素，因此，中国要提升国家形象势必要从提升综合国力入手，以此为良好国家形象构建提供充足的物力保障。

联系我国现阶段的现实情况，正如党的二十大报告所指出的：我们实现一系列突破性进展，取得一系列标志性成果，经受住了来自政治、经济、意识形态、自然界等方面的风险挑战考验，党和国家事业取得历史性成就、发生历史性变革，推动我国迈上全面建设社会主义现代化国家新征程。但在充分肯定党和国家事业取得举世瞩目成就的同时，必须清醒看到，我们的工作还存在一些不足，面临不少困难和问题，主要有发展不平衡不充分问题仍然突出，推进高质量发展还有许多卡点瓶颈，科技创新能力还不强等。这些情况表明，经过新中国成立以来特别是改革开放以来的不懈努力，我国取得了举世瞩目的发展成就，从生产力到生产关系、从经济基础到上层建筑都发生了意义深远的重大变化。但同时我们也必须清楚地认识到我国仍处于并将长期处于社会主义初级阶段的基本国情没有变，人民日益增长的物质文化需要同落后的社会生产之间的矛盾这一社会主要矛盾仍没有变。

因此，现阶段要改变这些影响我国国家形象构建的客观状况因素，塑造良好的国家形象，其关键一点便是高质量发展，而高质量发展不仅仅是个经济问题，还是个涉及政治、文化和社会的全面进步的大问题，即要保障社会主义物质文明、精神文明和政治文明的共同发展。因此，从构建国家形象的角度出发，当前我们要特别重视坚持以人为本，树立全面、协调、可持续的科学发展观，促进经济社会和人的全面发展；要立足社会主义初级阶段这个最大的实际，科学分析我国全面参与经济全球化的新机遇新挑战，全面认识工业化、信息化、城镇化、市场化、国际化深入发展的新形势新任务，深刻把握我国发展面临的新课题新矛盾，更加自觉地走科学发展道路，以促进我国经济、政治、文化的快速发展，从而增强我国综合国力。因为只有综合国力提高了，中国才能在国际舞台上占有一席之地，反过来，也才能更有效地利用一切可能手段助力构建良好的国家形象。

（2）树立现代传播理念为中国国家形象传播提供智力支持

在全球化日益深化的今天，国际形象的构建和跨文化传播成为一个重要课题。因此，如何利用现代化的大众传播媒介进行国际传播，从而

构建良好的国家形象也愈发重要起来。而要有效地利用国际传播，其首要问题就是要先解决传播理念的问题，只有树立了现代化的传播理念，摒弃传统观念和旧有思想，才能适应新时期国家形象构建的需要，并展现出良好的国家形象。

联系我国现实情况，长期以来，受传统观念和旧有信息管理模式的影响，一些政府官员在对外信息传播（特别是重大突发性事件的信息传播）以及对外宣传方面缺乏灵敏度，或有意隐瞒事实真相，总是抱着“家丑不可外扬”的观念遮遮掩掩，而其结果往往事与愿违，“家丑”非但没能“不外扬”，反而“外扬”得更加充分，甚至引来更多的“揭丑”者，极大地影响了新时期我国国家形象的构建。

现阶段，随着我国对外开放步伐的加快，特别是以互联网为代表的新媒体的快速发展，社会舆论环境和传播格局发生了重大变化，这种观念也已愈发不合时宜了。因此，必须改变这种落后现状，变“隐而不宣”为及时传播，而关键的方法便是要树立开明的传播理念，具体来说如下。

第一，新闻界要树立国际意识。随着中国在国际上的地位不断提高，新闻工作者的国际意识将决定并影响媒介的质量和导向。其中，对国际事务的关注是国际意识的重要反映，也直接影响新闻工作者如何在国际大背景下报道中国。长期以来，许多新闻工作者认为，国家形象的构建是外交和外宣的任务；还有一些人认为，只要我们把自己的经济建设搞好了，根本不必顾忌国际社会的反 9 应 7。很显然，在经济全球化快速发展的今天，这一观念是陈旧落后的。因此，在国家形象的构建上我们不能仅停留在国内层面，要加强自身的国际意识。

第二，新闻界要树立竞争意识。长期以来，由于中国传统观念特别是传统传播观念的影响，中国新闻界在国家形象传播方面很大程度上仍处于被动传播，“等”“靠”的思想居多。而现阶段，随着全球化进程的不断推进，良好的国家形象在国际社会中发挥的作用日益重要，因此，关注中国的国家形象问题、重视国家形象传播已经刻不容缓。鉴于此，新闻界必须转变固有观念，树立竞争意识，变被动传播为主动传播，积极抢占国家形象传播阵地，将良好的中国国家形象传播到国际社会。

第三，新闻界要树立战略意识。正如上文所述，国家形象从本质上说是一国软实力的重要组成部分，特别是现阶段，国家形象的研究价值在“软实力”理论的大背景下已远远超出了其本身的价值。因此，重视国家形象传播对任何一个谋求在国际社会有所发展的国家来说都是至关重要的。由此可见，新闻界作为进行国家形象传播的首要力量，不能简单机械地进行事件报道，必须时刻从国家利益出发树立更高、更深远的战略意识，为树立中国正面的国家形象贡献力量。

第四，我们的新闻界要结合西方受众的特点进行传播内容的调整。

既然国外受众渴望从我们的传播中了解中国人当前的生活状况、思想感情和观念心态，那么，新闻界就应树立“以人为本”的传播理念，在传播过程中既要介绍政治、经济生活中的大事，也要报道中国人的日常生活；既要介绍我国物质文明建设的成就，也要反映中国人的生活习惯、思想观念和精神面貌。这样的传播内容易于引起国际受众的共鸣并适应西方受众重视个人价值的文化背景，从而有利于良好国家形象的构建。

3.“我方说”国家形象传播战略分析

（1）准确定位中国国家形象

“国家形象定位”指的是对一个国家进行形象建构的过程，是通过信息传播有效接触目标受众群，在目标受众心目中确立一个正面的、明确的国家形象的过程。结合这一概念，站在战略的高度，在对国际环境和中国国情进行清醒地审视后，著者认为可以从政治、经济、文化三个方面对中国的国家形象进行定位。

首先，在政治上，“负责任的和平者”形象。这一内容主要体现在三个层面上，即在周边环境中、在亚太区域中和在全球范围内。第一，对于涉及中国与周边国家关系的问题，主张用和平的方法通过“搁置争端、共同开发”的原则妥善处理；第二，在亚太区域中，中国作为亚太地区中的重要一极，在亚太区域格局中具有举足轻重的影响和作用，针对本区域内有可能发生的威胁地区稳定的争端或问题，中国可以运用其影响力推动或促使争执各方通过谈判予以解决；第三，在全球范围内，中国作为联合国安理会常任理事国，对世界和平与稳定起到不可低估的影响，尤其是作为第三世界的一员，中国在联合和团结第三世界国家推动和维护世界和平方面有着其他大国无法比拟的作用和影响。

其次，在经济上，“各领域的合作者”形象。改革开放以来，不断发展与世界各国各地区在各领域的经济合作，积极参与经济全球化的过程，一直是我国长期奉行的对外方针和政策，而随着我国对外经贸合作的高质量发展，这一政策也为中国现代化建设营造了良好的国际环境。其中，中国与发达国家经贸合作的不断加强，给双方带来了很大的实际利益，促进了双边关系的稳定和发展；与发展中国家的经贸合作不断扩大，对发展中国家提供援助增进了双方的传统友谊，促进了共同发展。由此可见，在经济领域，中国以合作者的形象积极、主动地发挥作用是较为可取的。

再次，在文化上，“人类文明的传播者”形象。中华文明是在同其他世界文明不断交流互鉴中形成的开放体系。从历史上的佛教东传、“伊儒会通”，到近代以来的“西学东渐”、新文化运动、马克思主义和社会主义思想传入中国，再到改革开放以来全方位对外开放，中华文明始终在兼收并蓄中历久弥新。中华文明博采众家之长，具有突出的包容性，在推动文明交流互鉴、丰富世界文明百花园、促进人类文明进步方面作出了重大贡献。因此，中华优秀传统文化是构建我国国家形象的宝贵资源，立足五千多年中华文明，以全人类共同价值为底色讲好中国故事，将成为国家形象构建与传播的最佳方式。近年来，博主李子柒的系列短视频，河南卫视的《唐宫夜宴》《洛神水赋》，辽宁日报的《国宝在辽宁》等作品在海外广受欢迎，都体现了传播人类文明在构建国家形象方面的显著优势。

综上所述，这一定位符合中国现状和现实追求，既有利于中国展现可信可爱可敬的正面国家形象，又有利于矫正被歪曲了的中国国家形象。

（2）构建外宣旗舰媒体提升国际传播实力

改革开放以来，中国国际媒体的传播实力得到不断提升，发展环境越来越宽松，与国际传播界和国际媒体的关系也越来越紧密。可以说，中国媒体的国际化水平已经得到了显著的改善和提升，特别是自 2023 年起，地方国际传播中心建设驶入快车道，为国际传播创新发展提供了新动能。

当然，在肯定我国国际媒体发展成绩的同时，也应该看到其存在的一些问题。一方面，相对于中文媒体而言，我国的英语媒体仍属于“少数媒体”。目前，我国的英语媒体只有一个英语电视频道（中央电视台英语频道）、一个外语电台（中国国际广播台英语频道）、约10家英文日报和周报、约10家英语杂志和新华社对外部的英语发稿等。虽然地方国际传播中心建设和海外社交媒体账号的开通增强了英语报道的覆盖面，但英语媒体数量仍与现阶段我国不断提升的国际地位不相符。

由此可见，通过打造具有较强国际影响力的外宣旗舰媒体提高对外传播力，对于中国国家形象的构建尤为重要。具体来说，在国际舆论环境的日趋复杂、媒体生态环境发生根本变化的今天，我们应与时俱进，从更广阔的视野审视中国的对外传播观念和工作。一方面，在国际媒体的数量和规模上，在政策支持、资金保障上要加大扶持力度，使其在数量和规模上满足现阶段我国进行国际传播、构建国家形象的现实需要；同时，要加大对新兴媒体的利用和新媒体传播技术的研发应用。另一方面，要解放思想，采用现代传播方式提高触达率和影响力，如变宣传为传播，改单向宣传为双向传播；淡化传播主体和内容的意识形态色彩，软化对抗性元素，重在通过介绍、交流、沟通促进共识和认同；突出文化传播，用中国文化包装对外传播信息（包括政治、商业、体育、旅游等）；跳出传统大众传播、新闻传播的框框，将新媒体、自媒体、公共关系、广告、事件活动等传播方式整合纳入国际传播和传播管理范围，提高传播质效。

（3）创制满足国际受众的“亲近性文本”

所谓创制亲近性文本，即在传播的过程中，传播者在思维方式上要与文本解读者的思维方式比较接近，即以解读者易于理解的思维方式创制文本进行传播。比如，对一般的西方读者和观众来说，要想比较有效地向他们传播中国文化，就不能以中国人常用的整体思维方式、模糊思维方式去创制文本，而应该以西方人易于理解的具体性思维方式去创制文本，即通过具体的、形象的实例去阐释中国文化的特点和内涵。用接受者的思维方式表达要传播的文化内容，也许会对传播者文本的创制工作产生一定的难度，但在现有的技术、人才条件下，完全可以做到这一点。比如，我们可以让熟悉中外文化的中外人才创制文化传播交流的多种文本，有目的、有组织地利用大众传播工具，特别是 AI 等新媒体技术进行各个层次、各个领域的文化传播与交流活动。显然，要做好这方面的工作，不仅要把握我们自己的文化精髓，而且要研究受传民族国家文化的特点，理解其文化传统的深层结构，即把握其基本的思维方式和思维习惯。只有知彼知己，创造、制作的跨文化传播文本才能真正有效，产生预期的传播效果。以 2008 北京奥运会全球性媒介事件为例，可以说，这为中华文化的传播提供了前所未有的良机。历史已经证明，举办奥运会这样一项超地域、超民族、超信仰，参加人数最多、规模最大的世界盛会，能有力促进举办国和举办城市的经济发展、社会进步，充分展示举办国和举办城市的历史文化和风土人情，大大提高举办国和举办城市的国际地位和影响力。因此，北京奥运会的成功举办给世界观众留下的印象，在很大程度上被认为是代表了中国的国家形象，甚至代替了对中国国家形象的真实体验。这便对中国的文化传播者和国际传播媒体提出了新的要求：要针对不同受众制作出不同特色的“亲近性文本”，这也就要求我们不能墨守成规，要在保持中国文化传播特色的前提下，以符合时代潮流的、与世界各国受众对话的方式去创制文本。

总之，传播者创制出与解读者相亲近的文本，是实现有效跨文化传播的前提，只有具有了“亲近性”，才能使跨文化传播由“传播”达到“传通”，从而实现传播目的。

（4）“对方说”国家形象传播战略分析

现阶段，在做好自身的工作进行国家形象传播、构建良好国家形象的同时，鉴于西方主流媒体对西方社会和国际舆论的巨大影响，我们还要做好对美国等发达国家的工作，借力使力，用他们的节目和报道为我们“说话”。实践证明，只要有正确的对策，对这些国家的工作不仅有条件展开，而且对于改善中国的形象可以达到事半功倍的效果。比如2024年5月，美国有线电视新闻网（CNN）在节目中探讨“AI换脸造成侵权”这一话题时，将中国日报“起底工作室”发布在海外平台的短视频新闻毫无逻辑地剪辑进节目中，污蔑视频中的两位记者为“AI人”，称这种视频会“放大虚假信息”“威胁到民主”。随即，中国日报“起底工作室”针对这盆凭空而来的“脏水”进行回应，证明采用AI技术优化视频制作流程完全基于确保报道内容的真实性。这次利用西方媒体报道进行的有理有据有节的反击，不仅维护了中国媒体客观、公正的形象，也更加清晰地展示了西方对媒体，尤其是社交媒体的强大控制力。

当然，我们做西方主流媒体的工作时，并不是一味地去进行针锋相对的理论斗争，或试图改变其价值观或新闻运作规律，而是要主动地去接触、融入，采取合作的态度，理解并满足他们正当的工作需要，尽可能为他们提供参观、采访机会，从而使他们解除对中国的对立、排斥心态，进而公正、客观地报道中国。

实事求是地讲，虽然由于受其价值观念以及新闻运作规律等因素影响，以及对中国历史、文化传统缺乏足够了解，西方媒体对中国的报道时常以偏概全甚至谬误百出。但不可否认的是，西方媒体发表的一些有助于西方公众了解中国现状的报道和评论，对西方国家政府和民众所产生的影响和效果要远远胜于我们自己的报道。因此，我们要十分重视利用西方媒体，利用“对方说”来改善和提升我国的国家形象，具体来说如下。

一方面，在一些事件和问题上，既需要旗帜鲜明地亮出观点、表明态度，同时又要让外国人说出他们自己真实的所见所闻所感，增强我们对外传播的可信度和说服力。比如，中央电视台在拍摄《中国儿童福利院见闻》时，就抓住了外国朋友到儿童福利院参观考察的机会对他们进行采访，让他们说出自己的亲眼所见、亲耳所闻和亲身所感，这样将我们的声音和外界的声音汇合在一起，就比我们自己单方面的声音要可信得多。

另一方面，要不断加强与西方发达国家新闻传播界的有效互动，即不光要借用对方的“嘴”、对方的“笔”来说、来写，还要借助对方的节目和报道来为我所用，比如不断拓展国际传播渠道，让国外媒体播出我们提供的节目或进行联合拍摄，以此作为进入国际社会、增加触达率的有效途径。可以说，这不仅从形式上扩展了我们进行“媒体外交”的阵地，而且从实质上推动我国的“媒体积极配合外交”工作向前推进了一大步。

三、国际传播视角下的媒体形象

（一）中国城市的国际媒体形象

伴随着全球城市化与城市现代化的推进，城市竞争已成为全球竞争的焦点，中国城市的国际形象作为城市核心竞争力的重要资源性要素也受到越来越多的关注。

城市是一定区域的政治、经济、文化中心，城市的出现是人类走向成熟和文明的标志，也是人类群居生活的高级形式。中国的城市化进程在改革开放以后迅速发展，出现了像深圳、珠海等一大批迅速崛起的现代化大都市。

中国的城市化进程不仅追求量的增加，也注重质的提升。提升城市化质量的一个重要方面就是把城市的坐标和定位放到全球视野中去，提出构建国际化大都市，在积极参与国内城市竞争的同时，也将自己放到全球城市竞争的舞台上，用国际化大都市的标准来审视和发展自己。据复旦大学 2011 年的一项调查报告显示：中国当前有 655 个城市在有计划、有步骤地“走向世界”；200 多个地级市中有 183 个提出建立“现代化国际大都市”。

在中国城市的国际形象构建中，国际媒体的报道对城市的国际形象有着重要的塑造作用。在当今的国际话语体系中，西方媒体特别是西方主流英语媒体仍牢牢占据着主导地位。阿尔温·托夫勒在《权利的转

移》中说：“世界已经离开了暴力和金钱控制的时代，而未来世界政治的魔方将控制在拥有信息强权的人的手里，他们会使用手中掌握的网络控制权、信息发布权，利用英语这种强大的文化语言优势，达到权力和金钱无法征服的目的。”① 由于绝大多数外国受众对中国城市的了解程度还很有限，媒体的报道便是国外受众认识、评价中国城市的重要依据。研究中国城市在国际媒体中的形象，了解他们报道的价值倾向和内容倾向、报道特征、语言风格等，一方面有助于更加清醒地认识我们自己城市的闪光点以及存在的问题；另一方面有助于政府在城市的对外推广中更加有针对性和策略性，提高城市对外传播的影响力和实效性。

当前已有大量国内外学者在对国际媒体中的中国国家形象进行研究，包括量化分析和质性研究，其主要思路是把中国这个国家作为主题来研究。而本书则试图将城市作为研究主体，同时借鉴学者研究中国国家媒体形象的研究方法，通过大量的数据分析得出相关结论。

第一，被誉为“传播学之父”的美国著名传播学者韦尔伯·施拉姆在其 1954 年出版的《传播是怎么运行的》一书中提出了著名的“施拉姆大众传播模式”。如图 1 所示，大众传播媒介（机构）在获取或接到信息源发出的信息后，要经过译码者（记者）、释码者（编辑）和编码者的加工和整理，从而变成可以被传播出去的符号（讯息）；受传者则属于一定的社会群体，他们在接受和传播该信息时会受到其他群体成员的影响，信息传播是双向循环的过程，每个成员既是传播者也是受传播者，信息在群体中的传播过程中会得到再解释或加工。而大众传播的受

① 阿尔文·托夫勒．权力的转移 [M]. 黄锦桂，译．北京：中共中央党校出版社，1991：508.

传者在接到信息后，会给传播者发出反馈信息；每个受传者和传播者都扮演着译码、编码和释码的角色。

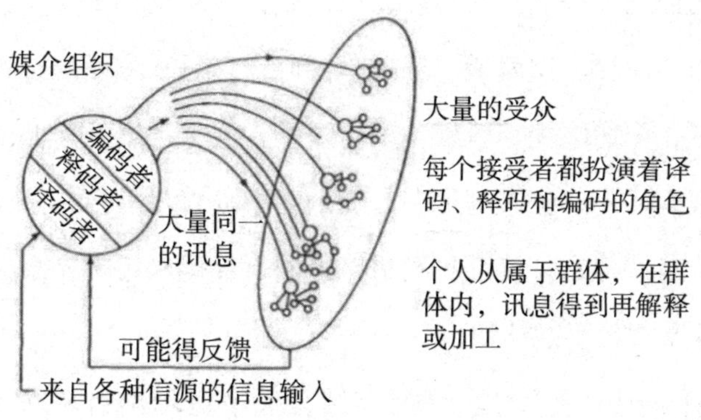

图 1　施拉姆的大众传播模式

第二，1922 年美国著名记者、专栏作家沃尔特·李普曼在其著作《公众舆论》一书中，首次提出了论及拟态环境理论。李普曼认为，在大众传播极为发达的现代社会，人们的行为与三种意义上的“现实”发生着密切的联系：一是实际存在着的不以人的意志为转移的“客观现实”；二是传播媒介经过有选择的加工后提示的“象征性现实”（即拟态环境）；三是存在于人们意识中的“关于外部世界的图像”，即“主观现实”。人们的“主观现实”是在他们对客观现实的认识的基础上形成的，而这种认识在很大程度上需要经过媒体搭建的“象征性现实”来作为中介。一方面，拟态环境不是现实环境“镜子式”的摹写，不是“真”的客观环境，或多或少与现实环境存在偏离；另一方面，拟态环境并非与现实环境完全割裂，而是以现实环境为原始蓝本。因此，大众媒介对客观事物的报道所形成的“舆论环境”对受众的主观认识有着重要的影响。

根据以上两个理论，国际媒体对中国城市的报道，一是通过对新闻事实的选择，即在众多新近发生的事实中挑选哪些事实来加以报道；二是对新闻的加工，即从什么角度、以什么方式来报道事实，或者赋予事实以什么样的意义。这两道工序便是译码、释码和编码的过程，其最终将通过报纸、广播电视、新媒体等传播媒介所呈现出的新闻信息构成受众理解客观现实的“拟态环境”，受众再根据自身需要以及文化背景和知识水平，对“拟态环境”再次进行译码、释码和编码，最终形成对所报道的客观事实的主观认知。

中国最早把“形”“象”两字结合起来运用出自《周易》。《周易·系辞上》有一句是：“在天成象，在地成形，变化见矣。”在这里，“形象”两字均有“形体、状貌”的意思。随着客观事物的不断出现以及人们认知的不断加深，“形象”的语义得到不断扩大和延伸，现在万物皆有形象，小到个人，大到国家和世界。最先将“形象”概念引入城市学科、提出“城市形象”的是美国城市学专家凯文·林奇。他在1960年出版的专著《城市形态》中提出城市形象的主要构成要素包括路、边、区、节点、标示等方面，并强调城市形象是通过人的综合“感受”而获得的。由此可见，城市形象是城市历史与现实客观存在在认识主体头脑中的反映和抽象，它是认知主体对认知客体的能动性反映。城市形象反映了人们对于一个城市及其民众的性格特征、文化气质与行为方式的心理预设和认知判断。

随着工业化和城市化的不断推进和市场经济的发展，城市开始作为主体参与到市场经济的竞争中去，人们开始有意识地“经营”城市，运用市场营销的理论将城市形象概念化为城市品牌：在城市历史与现实的

客观存在基础上，认知主体抽象出有关城市形象认知的若干核心领域，并对这个城市的若干领域作出相对稳定的评判，而后将这样的评判与城市客观存在的标识（如城市名字、城市标志性建筑、城市的人群、城市版图）和外在的气质（如城市精神、城市性格等）联系起来，这些认知、评判与城市标志和外在气质的连接就是城市品牌。

从城市形象认知的主体的区域上划分，可以分为城市的国内形象和城市的国际形象。借鉴上海交通大学刘康教授对国家形象的定义，“城市国际形象是一座城市为确保城市利益，通过政府与民间的公共关系、文化交流、传媒、学术等方式，向国际社会展示传播的形象。”西方学者也认为城市形象的构建是通过大众传媒、个人经历、人际传播、记忆以及环境等因素的共同作用下而形成的。

城市的国际媒体形象是城市国际形象的组成部分，它是从城市形象的传播渠道上来划分的。除大众传媒外，城市形象在国际上的传播渠道还有文化产品、外交与政策、体育、国际会议与大型仪式活动、产品与品牌、双向旅游、教育与留学等。在这些流通渠道中，大众传媒无疑是最具影响力的渠道。在媒介化社会，媒介形象是主体认识外部世界的重要桥梁、渠道和参照。在客观存在的事物和人的认知结果之间，媒介形象是一个重要的路径，且这种重要性随着人们对媒介依赖程度的提高而呈现出上升趋势。

受众接收信息的方式可以分为直接渠道和间接渠道，直接渠道就是通过自己亲身的感受和实践来认知客观事物，间接渠道就是通过别的认知主体或者是具有表现客观事物形象的载体来认知客观事物。受限于时间和空间的限制以及文化差异，但又得益于大众传媒的发达和便捷，境外受众对他国城市的认知很大程度上受到了大众传媒的影响。事实上，文化产品、外交与政策、体育、国际会议与大型仪式活动、产品与品牌等城市形象的国际传播渠道，其影响力的扩大和纵深也离不开大众传媒的力量。因此，城市国际媒体形象是一个城市在国际新闻流动中所产生的形象，或者说是一个城市在他国新闻媒介的新闻和言论报道中所呈现的形象。

当前，国内外关于中国国家的国际媒体形象的研究很多，形成了比较丰富的理论体系和研究方法，而对中国城市的国际媒体形象的研究，在理论上侧重于城市对外传播的策略和方法、城市形象对外传播的效果评估体系、城市形象对外传播的构成要素等方面；在量化方面，有学者分别以广州、武汉，以及江苏的城市为考察对象，研究国外主流媒体对这些城市的报道，分析这些城市在国际媒体中的形象。国内学者在对中国城市的国际媒体形象进行研究时，都在一定程度上借鉴了中国在国际媒体中的国家形象的研究理论和方法。

何国平在《城市形象传播的理论模型与基本策略》一文中认为，城市形象的传播可以用于利益相关者策略和城市营销策略、城市形象元素资源库的有效传播，需要运用的大众传媒策略和文化策略这四者构成了一个金字塔形的城市形象传播理论模型。在城市形象对外传播运用大众传媒策略中重要的一点是提高城市在外媒中的知晓度，即曝光率。[①] 他认为受众对城市信息的认知和学习很大程度上依赖于媒介内容，也就是受众只有先接触媒体才能获得媒体的消息，进而才能对这些信息进行加工吸收。受众只有在选择性感知的基础上获得关于城市的动态内容，才能

① 何国平．城市形象传播的理论模型与基本策略 [J]. 新闻学论集，2010(24)：1–15.

维持和扩大城市的知名度和美誉度。他还进一步提出，提高城市曝光度的方法包括政府部门通过议程设置和信息公开来吸引外媒的注意。

杨凯在《城市形象对外传播效果评估体系的构建》一文中指出，“为了评估城市形象对外传播的效果，有必要建立起一套科学的评估体系，这套评估体系包括定期评估（常规评估）和不定期评估。定期评估（常规评估）包括长期效果、中期效果和短期的效果评估；不定期评估包括对新闻发布会的传播效果、危机事件的传播效果、文化交流活动的传播效果等不定期活动进行评估。”他重点针对常规评估操作方法进行了阐述，认为城市形象的对外传播对象应划分为境内的外国公众和境外的外国公众，不同的受众有不同的评估体系。针对境外受众宜将外国主流媒体和受众分别作为量化分析样本，然后加权得出效果评估数值，其公式为：境外传播效果 = 外国主流媒体文本定量分析数值 × 权重 + 境外受众定量分析数值 × 权重。具体操作方法为：通过对外国主流媒体文本（包含不同媒体类型）的抽样，按照报道主题、报道数量、消息来源、报道倾向性等变量设置指标，得出量化数值。境内外受众作为直接调查的对象比较容易操作，只需要将这部分指标纳入受众调查即可。可选择他们能够接触到的较有影响力的中国各级媒体，按媒体的使用率、满意度和城市形象的知名度、美誉度设置指标，各项加权得出最后的量化数值。

唐佳美在《区域对外传播共识的补充与修正——〈纽约时报〉〈泰晤士报〉〈海峡时报〉十年涉穗报道分析》一文中，运用量化分析和质性研究相结合的方法分析国外主流媒体对广州城市的报道。此文发表于2010年，是目前能搜索找到的最早运用量化分析和质性研究相结合的方法分析国外主流媒体中的中国城市形象的论文。她以每一条新闻为分析单位，主要分析变量为媒体、报道数量、报道日期、新闻来源、消息来源、报道主题、新闻框架和报道倾向等。研究中她发现了两个主要问题：一是在媒体议程设置方面，本地媒体对国外媒体影响较小，主要表现为地方外宣媒体在国外媒体的报道中新闻来源所占的比例太低；二是在一些新闻事件中特别是突发性、敏感性新闻事件中，传播主体中的政府消息来源相对缺失，政府部门不能及时回应外媒的关注，造成片面采用新闻当事人、专家、学者以及国外媒体作为消息源，进而造成了报道的片面和歪曲。此外，她还认为虽然外媒的负面报道比例很大，未能全面反映广州的城市形象，但也突出反映出广州的优势与缺陷、成绩与问题，与现实差异并不大。国外媒体对广州形象的塑造与国内学者对广州形象的归纳相互补充，反而可以勾勒出更全面、客观的广州形象。

张利平在《城市形象国际传播的媒体策略——以武汉国际城市形象传播为例》一文中，通过分析国外主流媒体十年来对武汉的报道，把呈现在外媒眼中的武汉城市形象具体划分为政府形象、经济形象、安全形象、文化社会形象、旅游形象等五个方面，并对每个方面进行了具体的分析。研究发现，武汉市的正面城市形象在国际媒体上并未充分呈现出来，国际媒体对武汉的报道量不多，武汉的国际识别度不高。

张罗、丁广辉在《江苏城市形象对外传播的效果分析——以美国三家媒体关于江苏的报道为例》一文中，通过分析美国的《纽约时报》《华盛顿邮报》和《洛杉矶时报》这三大最有影响力的报纸关于江苏城市的报道，对报道的内容倾向、报道所涉及的事件态度、报道所涉及的江苏各市是否存在地域性差异这三个方面进行研究。研究发现，三大媒

体对江苏城市的经济和文化内容最感兴趣；在报道的价值倾向上正负兼顾，但主要以客观报道为主；三大报纸对于江苏各市的报道数量极不均匀，南京和苏南等经济较发达的地区被广泛关注，而苏中和苏北地区则鲜有报道。

虽然国外学者对中国城市在国际媒体中的形象研究比较少，但一些关于中国在国际媒体中的国家形象研究（考虑到中国城市是国家构成中不可分割的一部分），其研究结论也有一定的借鉴意义。如《政治传播学》前主编、美国杜克大学教授大卫·帕莱兹用内容分析法研究了 2008 年 6 月 15 日至 11 月 14 日《纽约时报》对中国的报道，他认为《纽约时报》信息偏见的产生不是政治经济的原因，而是与派遣的记者、新闻选取的标准、消息来源的渠道、记者的价值观、记者的个性和关注点以及报纸版面的限制等"新闻专业性"因素有关。英国传播政治经济学领域著名学者科林·斯帕克斯分析了英国媒体中的中国形象，他将报道中国信息的英国媒体分为大报、小报和中间报纸三类。他通过对其报道进行细致地文本分析后发现，相对而言，精英媒体对中国关注的范围更广、偏见也更少，而英国民众阅读的大部分大众媒体则很少关心中国的全貌，呈现出的信息也是扭曲的。

如今，国际传播已进入移动社交媒体时代。海外社交媒体平台传播因速度快、范围广、受众多、互动强等特点已成为中国城市开展国际传播的主阵地，中国城市整体运维海外社交媒体的水平提升无疑将为讲好中国城市故事、塑造好中国形象贡献更多、更大的力量。近年来，中国城市在运维海外社交媒体进行国际传播方面的主动性和能力正在稳步提升，这主要表现在构建差异化形象助力国际传播、深挖文化内涵提升内容供给能力、丰富叙事技巧及表现形式增强粉丝互动性、借势借力重大活动影响力提高国际传播效能等诸多方面。

参考智库与中外传播智库联合发布“中国城市海外社交媒体传播力指数（2023 年 9 月号）”显示，在综合传播力方面，南京和北京处于领先位置，重庆、厦门、杭州等城市紧随其后。南京的突出表现主要体现在其与粉丝高频率、高质量的互动，并根据海外社交媒体平台不同的目标受众和传播特点，有针对性地策划适合主题的内容。

2023 年 9 月，Meta（原脸书 Facebook）传播力指数排序相对靠前的城市是：南京、厦门、宁波、重庆、无锡、北京、烟台、杭州、聊城、桂林。城市的自然生态属于国际传播中易于跨文化传播的“共情类”议题，它不仅可以提升城市的竞争力，还能传达城市的文化和价值观，进一步增强城市的品牌形象，塑造出一个令人向往的“自然之都”形象。本监测周期内，在脸书平台表现较好的厦门脸书账号，在内容策划中成功地抓住了“人们对体验融入自然生活方式的追求”进行传播，效果良好。

2023 年 9 月，X（原推特 Twitter）传播力指数排序相对靠前的城市是：杭州、厦门、南京、盐城、天津、宁波、烟台、上海、无锡、苏州。借力重大活动进行国际传播有助于提升城市的国际影响力和美誉度。在本次监测周期内，杭州在 X 平台集中发布了一系列有关亚运会的新闻和动态，这些内容既包括亚运会的筹备预热，也包括赛场内外的各类看点，通过讲述观众、志愿者、记者、运动员以及教练等不同人物角色的故事，展示了杭州这座城市的热情、活力和创新精神。此外，杭州市还巧妙地运用了杭州亚运会、杭州旅游等标签和关键词，以此来增加

有关杭州的曝光率。这种策略使得有关亚运会和杭州的消息更易被广大网友发现，从而提升了杭州在 X 平台的传播力。

2023 年 9 月，照片墙（Instagram）传播力指数排序相对靠前的城市是：南京、厦门、杭州、北京、上海、成都、哈尔滨、黄山、广州、宁波。不断深挖优秀传统文化内涵，同时创新叙事表达和展现形式，成为不少中国城市开展国际传播的有益尝试。在照片墙平台，北京市积极探索将北京的传统文化与现代城市风貌进行融合的传播之道，发布多条以北京的历史故事、传承技艺等为主题的网帖，并通过精心拍摄和后期处理使网友在浏览这些内容时仿佛置身于北京这座历史文化名城之中，亲身感受这座城市的活力与厚重。

2023 年 9 月，视频平台传播力指数排序相对靠前的城市是：南京、北京、广州、深圳、西安、成都、重庆、天津、青岛、台州。塑造个性化、差异化的城市形象可以为城市的国际传播赋能，并有利于提升城市的国际知名度和美誉度。在本次监测周期内，青岛账号在优兔（YouTube）平台上的表现突出，它向全球受众展示了清新、活力四射、文化与自然并存的海洋城市形象。这一独特的品牌形象传递了这座城市的新潮气息以及深厚的历史文化底蕴，吸引了大量年轻用户的关注。

（二）中国城市形象媒体传播现状

新一线城市形象融媒体传播的出现，在于技术、政策、经济与社会层面的因素为其提供了可能性，而城市形象融媒体传播与传统城市形象传播活动的不同，可以采用传播学最为经典的 5W 框架加以梳理，在这些环节和要素中可以呈现出其变化与特点。

1. 中国城市形象融媒体传播背景

新一线城市形象融媒体传播活动是基于一定的背景而产生的，正是因为来自技术、政策、经济、社会等层面发生了深刻转变，城市形象传播活动才相较于以往出现了很多不同的特征，也为城市形象的融媒体传播提供了可能性。

（1）新兴传播媒介与技术的广泛应用

城市形象传播作为一种传播实践活动，其传播形式和特征和传播媒介与技术的演进和发展自然保持着协同的关系，融媒体传播的兴起与传播活动的实践得到了技术的赋权有着必然联系。麦克卢汉曾经说过“媒介即讯息”。虽然他所指的媒介比大众传播媒介的内涵更广，技术决定论的观点也有其局限性，但是他的观点对于媒介价值的认知已经超越仅仅将其作为一种传播载体和渠道，而是认为媒介的进化本身承载了意义，而社会也可以因为媒介的不同而进行划分。我们可以从中得到的启发是：新型媒介和技术的出现，为传播实践活动新形态的产生提供了可能性、必要性和对于未来的想象力。

城市形象传播实践伴随着传播媒介与新技术的演进和诞生经历了不同的阶段。由大众传媒时代到互联网时代再到移动媒体时代，新媒体与新技术的出现改变了传播模式与受众习惯。一座城市如果想要与受众产生联系，需要采取的传播方式就要发生变化，而与此同时，传播内容也要随之改变，以适应新的传播渠道的传播特点和受众喜好。人们可能不曾意识到，但是变化却在切实地发生着。早些年，公众对于一座城市的印象或看法可能来自城市宣传广告或媒体的新闻报道，而近年来，人们会往往被抖音上十几秒的片段吸引，这些片段可能是城市的某个建筑，也可能是一场灯光秀，还可能是一些美食的展示，这些都会使人们对于一座城市产生综合印象与想象。

新媒体的产生与传播技术的演进，不只带来了传播方式、传播内容和受众习惯的改变，实际上对于传播实践所带来的影响更是颠覆性的。回归到城市形象传播本身，其需要我们从思维上对于城市形象融媒体传播的认识提升一个高度，不再抱有以往的“宣传”观念，即把自认为受众感兴趣的内容进行包装后在新媒体平台进行投放，就以为完成了城市形象的融媒体传播转型，而是要从更加宏观的层面进行统筹规划，邀请多元主体参与进来，充分利用好可供使用的各种传播媒介并使它们发挥各自特点相互配合，下好城市形象融媒体传播的一盘棋。当今5G技术发展迅速，这一技术带来的影响是具有变革性的。5G作为一种信息基础设施能够促使物联网、VR、AR、区块链等技术得到广泛应用，而这些技术对于城市形象融媒体传播来说又是一个全新的关口。各城市需要把握先机，充分发掘新技术对于城市形象传播带来的可能性，在新一轮城市竞争中获得先机，提升自身的综合竞争力。

（2）推进治理体系和治理能力的现代化

城市作为国家组成的一个重要单元，其治理能力的提升对于国家治理体系的现代化具有十分重大的意义。城市形象传播是一项系统工程，城市形象传播不仅关乎一座城市在外部受众心理产生了怎样的认知和评价，还涉及政府与内部公众即市民之间、公众之间的沟通，公众的社会参与、城市危机公关、城市媒介事件等林林总总的问题，深刻地体现了城市政府的治理能力与治理水平。

城市形象传播说到底是一个传播的问题，而传播就是一种沟通，无论是城市的治理还是国家的治理，沟通都是其中的关键因素。因此，城市形象涉及受众对于一座城市的主观感知和评价，这一评价与城市出台的政策、舆情的应对、政府与公众的互动等涉及治理能力的工作有着分不开的关系。因此，要推进治理体系和治理能力的现代化，政府就要能够利用好新兴媒介和技术等沟通工具，在施政过程中与城市的内、外部公众做好沟通，提高公众的参与程度，倾听公众对于城市发展与建设的建议和意见，增进不同主体间的相互了解，提升城市治理的可沟通性，这对于构建良好的城市形象大有裨益。

（3）新型城镇化持续推进与产业结构优化升级

城市形象传播与城市化进程以及经济社会的发展有着非常紧密的联系，从经济层面观察，城市形象融媒体传播的发展也是其推动力。改革开放以来，中国经济社会的成长始终伴随着城市的发展，尤其是新一线城市，基本是所在区域具有相当辐射力和代表性的城市。党的十八大以来，推进以人为核心的新型城镇化，表明我国的城市化建设进入了新的阶段，不再以简单的经济指标衡量一座城市的发展情况，而是更加重视对人的关怀。在新型城镇化规划当中，从中央到地方都强调重视城市的规划与设计，注重人文城市的建设，增强中心城市的辐射带动能力，其中很多举措都对城市形象传播产生影响或者需要城市形象传播的协同合作。以人为本就涉及人的主观感受和精神属性，也就需要城市和人的沟通与互动，所以城市形象传播自然就内含其中、不可脱离。

我国经济已经由高速发展进入到了高质量发展阶段，城市的发展也更加注重可持续发展的能力，所以很多城市开始多措并举优化升级城市的产业结构，更加重视高科技产业和服务业的发展。推进产业结构的优

化升级、加强对于人才的引进是一项极其重要的工作，随着经济社会的发展，人才流动趋于频繁，哪座城市能够吸引并留下人才，就获得了经济高质量与持续发展的宝贵要素。人才是用脚投票的，一些新一线城市争相推出吸引人才的政策，但是效果却各不相同。从中我们可以观察到，人才不会因为短时激励和补贴就盲目选择城市，而是要进行综合考量，这时候城市形象就起到了重要的作用。城市形象是客观与主观的结合，客观上的优势自然会引起主观上对于城市的认同和正向评价，而人才的落地之于城市发展来说也是一个良性循环的过程。城市的可持续发展会吸引更多的人才进入，人才的进入又会带来投资的增长，对于产业优化升级来说这些都是不可或缺的基础。

就发展第三产业来说，城市形象传播还会产生更加直接的影响，比如旅游业和文化产业。城市形象的融媒体传播做得好，就能够吸引大批游客，从而推动旅游业和商业的发展。而提升城市形象融媒体传播水平，就需要对城市文化进行深度挖掘且持续关注城市文脉的传承，这与一座城市文化产业的发展又有着直接的关系。

（4）激发城市的社会创新活力

城市的可持续发展同样需要激发社会的创新与活力，这就需要公众参与到城市的治理与城市形象的融媒体传播当中。改革开放以来，随着市场经济的发展，政府职能也在不断发生着转变，城市的治理需要对其资源优势进行分析、进行品牌定位并营销推广，这样的工作需要社会公众积极参与进来，为城市的发展注入强大动能。

融媒体时代赋予了公众参与社会治理和城市形象传播的途径，人们的智慧和创造力是十分惊人的，往往会取得良好的效果。近年来，很多新一线城市的政府与短视频平台进行合作，对城市进行推广。在这一城市形象融媒体传播的实践当中，政府主要参与发起，主角则是市民和游客等城市内部公众和外部公众，人们充分发挥自己的创意，展现自己的制作技术和洞察力，以多种形式、多种角度对城市形象融媒体传播起到了推波助澜的作用。而在以往在大众媒体时代，政府主导制作的城市形象宣传片和广告存在故事单薄、元素单一、说教性强、缺乏反馈等问题，只能称之为单向传播；而公众参与的城市形象融媒体传播则提升了可沟通性，传播主体之间互动性增强了，公众也能够在自己的生活经验中挖掘可供城市形象传播的元素和故事，更容易得到受众的理解。受众的参与使得城市形象的构建更为立体和丰富，这对于在受众心中形成更加深刻的感知具有实效性。

城市形象传播包含城市与受众建立情感联系、产生文化认同，促成这一目标的达成，同样需要激发社会的活力，让公众参与到城市的治理当中，尤其对于城市内部公众来说，提升城市的可沟通性，让公众参与到城市日常事务的各个方面，有助于增强市民的主人翁意识与归属感。加强公众与城市之间的联系和沟通，自然会产生更加强烈的情感连接，他们的积极参与也有助于对城市产生文化认同感。

2. 中国城市形象融媒体传播要素

城市形象的融媒体传播是一项复杂、系统的传播实践活动，它不能以一种静态的、单向的角度加以观察，它是传播主体和受众之间的信息传递和交流的活动，两者之间存在着互动和沟通。虽然城市形象的融媒体传播是综合性的传播活动，但为了对其增进了解，我们需要将传播结构简化，对其中的传播要素加以把握，这样有助于我们从具体的切入点出发，对城市形象的融媒体传播进行分析、总结并提出相应的传播策略。美国学者哈罗德·拉斯韦尔在其《传播在社会中的结构与功能》一文中提出传播过程 5W 模式，这 5 个 W 分别是五个疑问代词的第一个字母，即 Who（谁）、Says what（说了什么）、In which channel（通过什么渠道）、To whom（向谁说）、With what effect（有什么效果）。虽然拉斯韦尔的 5W 模式是一种线性的单向的传播模式，对于传播过程的刻画过于简单且忽视了反馈要素的作用，但对传播过程的分解则基本勾勒出传播实践活动中的几个重要因素。本章的要素分析借鉴了其 5W 模式，但并不代表城市形象融媒体传播的过程可以用 5W 模式加以替代。

传播主体是传播实践活动中非常重要的一个环节，因为它是传播过程的发起者，对整个传播实践活动的运行和发展起着举足轻重的作用。在早期的城市形象传播活动中，传播主体是较为单一的。在大众传播时期，传播资源是稀缺的，话语权集中在政府机关、媒体机构、企业组织等，其他分散的主体在大众传播活动中能够起到的作用是有限的。进入新媒体时代，城市形象的融媒体传播不断迸发出新活力、新表达，参与传播的主体更加多元，参与传播的形式和内容也五花八门，公众的参与甚至在一些传播实践活动中起到了决定性的作用。以下会分别列出城市形象的融媒体传播活动中主要的传播主体，这些传播主体基于身份不同，在传播实践活动中的立场也各不相同，多元传播主体参与城市形象融媒体传播的动机也不尽相同，甚至同一传播主体在不同实践活动中的目的与采取的行动也是各异的。对受众来说，对于一座城市的感知和评价是根据不同方面的作用综合形成的，因此可以说，城市形象的传播是不同传播主体协同作用完成的，这种协同作用可以起到共振加强的作用，但也有产生削弱抵消的可能。

城市形象融媒体传播最为核心的主导力量是政府机关。政府机关作为城市形象传播的主体始终不曾缺席，在大众媒体时代，政府机关承担了城市形象传播的主要角色；进入融媒体时代，政府在城市形象传播活动中的角色与职能发生了转变，但政府依然是主导力量，担负着推动城市形象传播的任务。面对社会经济的发展，政府需要通过城市形象的传播提升城市竞争力，推进城市的可持续发展，这就突出了政府作为传播主体不可取代的主导地位。然而，政府作为主导力量，并不意味着要一手操办城市形象融媒体传播的各个环节，它的主要职责在于对城市形象融媒体传播的核心价值、发展方向与渠道运作进行统筹规划和控制监测，此外也要积极动员其他传播主体参与，形成传播主体之间的沟通与良性互动，建立并维护良好的传播秩序。

城市形象的融媒体传播另一个重要主体是公众。这一主体在曾经的城市形象传播活动中处于缺位的状态，但是随着科学技术的不断发展，移动互联网等新媒体的广泛应用改变了单向传播的局面，公众可以主动地参与到城市形象传播中来，并在传播活动中以丰富的内容和多样的形式占据主要的地位，成为最具活力、最具创意以及反应最为即时的传播主体。城市内部的公众即城市居民，本身也构成城市形象的一部分，他们的生活习惯、言谈举止、精神风貌、文化品位对于外部公众形成感知和评价有所影响。此外，他们也充分发挥主动性参与城市形象传播。

企业与公共组织同样可以成为城市形象融媒体传播的主体。企业与公共组织虽然不是主导力量，但由于它们具有公共属性，甚至部分还直接拥有传播资源，因此，对于城市形象传播起到了补充作用。在一定程

度上，一座城市代表性企业的风貌与口碑，也影响了受众对于这座城市的感知和印象。

以上各传播主体是基于不同的立场和动机参与到城市形象融媒体传播过程当中来的，在不同的情境下发挥着各不相同的重要性和作用，由此给传播过程带来了一定程度的复杂性和不可控性。这就需要我们对于传播主体的组合作用进行协调与优化，提出对应的主体策略，使他们能够相互配合，形成城市形象传播的良性推动力。

（1）异质分散与城市内外的传播受众

传播受众是城市形象传播过程中的另一重要环节。作为传播活动的目标对象与反馈主体，正是他们的存在构成了城市形象融媒体传播最原始的动因，也是他们的反馈或主观评价，作为城市形象融媒体传播效果评估的主要依据，为传播活动的动态调整与优化提供了充分的理据和方向。城市是一个复杂的有机体，已经由最初的地理概念逐渐转变为一个包含文化意义与认同的概念。不论从哪个意义来说，城市都是一个集合体，具有区隔的作用，因此城市形象融媒体传播的受众可以分为城市内部受众与城市外部受众。

城市具有空间属性，长期在城市空间内生活、工作的内部受众，包括城市市民、工作者、学习者等都是具有双重属性的传播受众，承担了城市形象传播的主体和受众两个角色。城市内部受众与城市的联系极其紧密，他们的利益、背景与经验等都与城市密切地联系在一起。他们长期在城市空间里生活、工作和学习，对于与城市相关的信息的认知更为全面、感知更为立体、接收更为敏感，在精神与心理上经过长期的互动与沟通，会对城市形成独特的认知和评价，并且可以体现在他们的精神风貌、行为规范和文化认同之中。具有双重身份的他们，城市形象融媒体传播不仅会对其形成上述的重要影响，他们的认知和评价也会影响其参与传播并成为传播主体的态度和行动。

与城市内部受众相对的是城市空间范围之外的城市外部受众。这部分受众的范围和数量比城市内部受众要广泛和庞大，从理论上来说，任何人都是城市形象融媒体传播的潜在受众，都可能成为传播对象，因此他们具有人群的分散性和异质性，其构成也十分复杂。城市外部受众缺少城市内部受众与城市之间的直接联系与生活经验，他们会对外部的信息更加具有选择性，从而产生差异较大的观念和态度。城市形象融媒体传播的成功与否，很大程度上取决于外部传播的效果，而城市外部公众又相对难以把握，所以在传播实践中，我们不能将外部受众视为同质的群体，而应该充分认识到他们的差异性。不同的人群具有多样的心理需求、价值取向以及信息接收习惯，要进行深入分析，就要提出具有实操性的受众策略，力争降低传播成本，获得更好的传播效果。

总之，传播受众在整个城市形象融媒体传播活动中起着重要的作用，传播的目标是为了与之构建联系并使之产生良好的认知和评价。因此，在传播实践当中应时刻考虑受众、深入分析受众，传播的传播形式和内容也要与其相适应，以此达到传播的目的。

（2）立体融合与空间转向的传播媒介

传播媒介在城市形象融媒体传播过程中承担着中介和渠道的作用，其也是传播内容的载体，要在传播主体与受众之间构建联系，这一要素是不可缺少的一部分。城市形象融媒体的传播媒介由于科技的飞速发展以及传播视野的扩展而丰富多样，它们之间形成了立体融合、多层次的

传播媒介网络，对其进行深入研究有助于开阔思路和拓展传播渠道。

城市形象传播最初使用的传播媒介是传统媒体。在大众传播时代，受众获取信息的渠道较为单一，报纸、广播、电视等传统媒体占据了人们的主要心智，具有十分强大的影响力。在传统媒体作为主要传播渠道的时期，由于传播资源不被民众所掌握，所以传播主体以政府为主，政府会在传统媒体投放城市形象广告，展示城市风貌。这些传播内容到达受众之后，受众产生怎样的看法，或者受众的兴趣点在哪，并没有传播媒介可以进行反馈或互动。因此，这一时期传播媒介只是由传播主体向受众进行单向的信息传递。

随着媒介技术的发展，新媒体进入人们的视野并得到了广泛采用。新媒体并不是特指某几种传播媒介，而是一个相对的概念，从互联网到移动互联网，再到现在的 VR、AI 等技术都可以称作广义的新媒体，它们的特征与传统媒体有着较大的差异。新媒体具有传播速度快、互动性强、呈现形式灵活多样、沉浸感足等传统媒体无可比拟的优势，因此自然成为城市形象融媒体传播的有力工具。通过新媒体进行城市形象传播，需要将传播内容、传播模式根据新媒体的特点与受众习惯进行调整，这不仅意味着要将投放在传统媒体上的传播内容搬运到新媒体上，还意味着要对传播的各环节进行深入分析并加以转变。新媒体的运用并不意味着传统媒体作为传播媒介不再重要，融媒体的概念就来自新媒体与传统媒体的融合，这说明我们要在传播中合理利用新媒体与传统媒体，系统地进行统筹规划，构建多层次、立体化的传播网络，使城市形象融媒体传播锦上添花。

研究城市形象传播的媒介问题，有学者跳脱出结构功能主义的视角，对传播媒介的内涵加以延展。较早研究城市问题的芝加哥学派就把城市与媒体视作二元对立的一对主体，而这种看法对于美国的大众传播学具有深远的影响。在这样的看法之下，城市本身作为介质的特征不能够加以显现，而媒体将城市的图景再现建构起城市对于人的价值和意义，勾勒出受众产生的空间想象。新的传播技术解构了人的关系和城市社会结构，重塑了人的感官，赋予每一个人更多的话语权和传播节点，这使得被结构功能主义传播研究路向所隐匿、埋没了的传播与人、传播与城市的丰富关系得以显现。从这一更为广阔的视角出发，要求我们对生活中的实体空间及场景所构建的交流关系及意义加以重视，但这并不是说结构功能主义对于传播学的研究已无价值，只是在学界讨论重建传播学的今天，这一领域需要更加多元化的理论视野，以拓展越来越狭窄、僵化甚至已形成中心话语霸权的研究思路。

（3）形式多样与元素丰富的内容呈现

城市形象同时具有精神属性和物质属性，而传播内容是传播主体向受众进行传播以达到传播目的的信息，其形式表现为具有物理意义上可见性的文本与符号，向受众所呈现的是城市形象的两个方面：其一是展现物质属性的内容，包括城市景观、特色建筑、自然风貌、产业发展、经济建设等；其二是展示精神属性的内容，比如市民面貌、人文素质、社会秩序、文化特色、民俗习俗等。

从形式上来说，由于新技术的发展，城市形象融媒体传播的内容极其丰富多样。在传统媒体时代，传播内容形式单一，城市形象宣传广告或宣传片采用视觉画面搭配字幕，加以音乐和人声解说相配合，虽然可以传达一定的信息，但呈现效果取决于拍摄水平、创意设计、制作精良程度。有

时囿于成本限制，难以推出多种形式、不同风格的传播内容，受众调动的感官是有限的，内容往往也不能真正引起受众的兴趣，传播效果有限。新技术的发展则降低了传播成本、丰富了传播形式，现在的城市形象融媒体传播实践活动可以通过短视频、直播、VR 等形式进行，也有应用二次元、鬼畜等青少年喜闻乐见的亚文化形式，充分调动受众的各种感官参与，为受众营造沉浸感和在场感，使传播效果得到有效提升。从元素的选取与展现来说，在融媒体时代，传播内容所包含的元素较之以往更加丰富。城市形象是同时具有物质属性和精神属性的，从这两个方面看，一座城市是有很多可供挖掘的元素加以展示的，不同的城市理应选择各具特色的元素来呈现城市形象。不过在传统媒体时代，传播主体制作传播内容时在对于元素类型的选取上有类型化与刻板化倾向，在城市形象广告或宣传片当中最常见到的就是标志性建筑、名胜古迹、自然景观、人们的笑脸等；在城市形象的定位、城市形象口号中，也能够见到大量重复的词语，这样就造成每个城市展现的具体形象是不一样的，但是呈现的元素类型却并没有很大差别，受众形成了审美疲劳，城市也并不能从众多竞争者中脱颖而出，真正展现自己的独特气质和吸引力。而现在，由于传播主体的扩展，以及传播技术提供的更多可能性，传播内容所包含的元素类型越来越丰富，比如通过交通基础设施展示城市独特的地理结构，通过美食展现城市的气质韵味，通过习俗仪式展示城市的历史人文，通过市民生活展现城市的烟火味道，通过城市的设施与秩序展现城市发展的实力，通过差异和冲突感展现城市的包容性，通过普通人的故事展现城市的人情味等。

（4）从构建联系到认同接受的传播效果

传播效果在传播过程中是重要的一环，它是传播主体在向受众传递信息之后，引起受众在认知、态度、行为等层面发生的变化。如果暂时忽略城市形象融媒体传播的复杂性，传播效果可以被看作是一项传播活动的结束，并开启了新的传播阶段。主体进行传播的目的并不是为了传播而传播，城市形象传播大多是从实用主义出发，从这一角度来看，传播实践带来的实际效果，也就是传播是否具有时效性是传播主体最为关注的环节和要素。在拉斯韦尔的5W传播模式中已经包括传播效果这一要素，但是这一模式中并不包括反馈的渠道，这就是传统媒体时代传播主体所面临的尴尬。在动用人力、物力等资源制作传播内容并投放之后，必然应该对受众产生了传播效果，但是传播效果究竟如何，传播主体并没有太多掌握，对于究竟有多少受众接受了信息、是否引起受众的兴趣、受众有怎样的态度等用于对传播实践进行评估，并对之后的传播活动进行优化的信息十分匮乏。在这样的传播情境之下，城市形象传播就很难展现出动态优化的特征，正是由于缺乏受众的反馈，传播主体始终是从自己的立场出发来进行传播的。

进入融媒体时代，受众拥有了信息反馈的渠道，传播实践活动的效果可以快速地、较为直观地显现出来。比如通过短视频平台可以获得城市相关视频的浏览量、城市话题的参与人数，短视频作品的点赞数可以体现出它的热度，对用户评论进行分析则可以了解受众的感情色彩和态度，从中还能获得一些有价值的信息用于对传播进行优化。

传播效果包含三个不同的层次，即认知、态度和行动，城市形象融媒体传播效果则可以分为短期效果和长期效果。短期效果是指在短期之内引起受众对城市的认知、态度和行动层次发生的转变，长期效果则是对城市经济、社会的可持续发展产生推动作用并且与受众建立联系，使

其对城市价值产生认同与接受。在传播实践中，我们拥有更广的效果监测渠道，但对于行动层面以及长期效果的把握还是一个盲区。因此，在对传播效果进行分析的时候要保持一个清醒的认识，就是城市形象传播不能仅靠一时的热度和喧哗，其应是一个长期的过程，在与受众建立联系之后，还需要长期的传播与沟通。从长远来看，只有长期效果得到了保证，城市形象融媒体传播才对城市的可持续发展发挥切实的作用，在传播当中投入的资源才能充分地发挥其作用。

3. 城市形象融媒体传播的异同

国内城市或多或少都有开展城市形象融媒体传播的实践活动，同样是城市形象传播，不同类型城市的传播会具有一些相同的思路与做法，但城市发展阶段、城市定位、城市发展目标、城市辐射能力、城市量级等方面的不同，客观上也造成了不同类型城市之间传播的差异。

（1）传播重点

城市形象融媒体传播是一项系统性、总体性、长期性的活动，就城市形象传播本身来说，在于使受众形成对于一座城市的总体认知和评价，这对于不同类型的城市来说是相同的。然而，一项长期的工作是由不同的阶段性任务所组成的。对于不同类型的城市而言，现阶段的城市形象传播的重点是不尽相同的，而它们之间的差异与城市发展阶段和定位的不同有着密切联系。对于一线城市来说，现阶段已经进入到稳定发展时期，大众对于一线城市的认知程度是其他城市所无法比拟的，在长期的建设与发展和政策倾斜之下，已经形成较强的综合实力，对发展资源形成了很强的虹吸效应。因此，一线城市的城市形象传播活动更多地在于提升城市的可沟通性，持续地维护、提升大众对于城市的印象并向国际进行传播，所以在内容上较多地呈现出务虚的特点。

而对于正处于发展上升期的新一线城市来说，其主要任务是在新一轮发展中抢占机遇，在受众对城市尚未形成清晰而固定的认知条件之下，它们的城市形象融媒体传播活动呈现出务实的特点。首先是对于旅游、文化资源的推介，不仅在于吸引游客到访以增加旅游收入，更是以此来推动受众形成对于城市的综合印象。其次，在官方制作的城市形象宣传片中，较大的篇幅用来展现城市对于经济产业发展的重视以及成果。由此可见，新一线城市在现阶段的城市形象传播中积极发力吸纳技术、资金与人才，体现出新一线城市在城市形象传播中更加务实的态度。

西安市在 2018 年发布了城市形象宣传片《大西安印象》，包含历史记忆、生态山水、科技创新、人才教育、交通地理、文化传承、旅游休闲七个篇章，运用数百组镜头全面展现了西安的历史与发展。这则宣传片运用了大量标识性以及说明性的文字，并且对于航空科技、航天科技、汽车装备制造、电子信息产业、创业园区等产业相关内容加以展示，同时也出现了人才引进政策的画。由此可以看出，这则宣传片的目的在于向受众进行讲解，而讲解的内容包含大量实用信息。

成都市 2017 年推出的城市形象宣传片配合旁白加以解说，其中运用大量篇幅阐述成都的交通优势以及产业发展，直接说明成都拥有优质卓越的营商环境，是一座适宜新经济发展的城市，同时还提到成都位居“新一线城市”排名首位。由此可见，这则宣传片同样传达出很多务实的信息。

对于其他发展后进但又具有传播动力的城市来说，现阶段城市形象融媒体传播的主要任务在于提升城市知名度，增加曝光度，以及对一些

旅游资源的推介。由于城市发展程度存在差异，这些城市在发展资源的吸引力上难以与一线城市或新一线城市形成直接竞争，所以提升曝光度更有利于达到传播的目的。

（2）传播资源

城市形象融媒体传播活动的持续开展需要传播资源的投入，不同类型的城市对传播资源掌握的程度是具有较大差异的，而这一差异也会直接体现于城市形象传播活动的实践与效果中。一线城市对于传播资源的掌握更为丰富，其辐射范围可以遍布全国甚至国外，这也是它们持续对外传播的一个重要的大众传播渠道。此外，由于一线城市本身就具有较高的关注度，更为容易形成话题，因此各种传播渠道都会对一线城市的信息倾斜更多的传播资源，这也是网络社交媒体上经常出现一线城市身影的原因所在。其次，一线城市具有较高的经济发展水平和财政收入，其政府会为城市形象传播提供更多的财政资金，这些一线城市也更加注重传播效能，会和国际一线传播公司与公关机构进行合作，制作更加优良的作品。再次，一线城市拥有更多知名人士、较高媒介素养的居民和频繁来往的外地群众，他们也提升了这些城市在各渠道的声量。

对于新一线城市而言，在大众传播资源的掌握上相比一线城市要弱，所以，新一线城市要依托所在区域的资源优势，形成区域联动，向外提升自身的传播声量。在新媒体传播渠道，互联网的“去中心化”特性也给了新一线城市提升自身影响力的机会，因此在与商业平台的合作中，新一线城市表现得更为积极。正是因为传播渠道的拓展，重庆、西安、南京等很多新一线城市映入公众眼帘，成为新晋的“网红”城市。在城市形象融媒体传播中，正循环效应也非常明显，如通过传播活动获得更高的影响力之后，关注度也会随之得到提升，自然也就能获取更多的传播资源。

（3）传播范围

不同类型的城市在当前阶段具有传播重点的差异，而每个城市由于城市资源的不同也具有差异，从而导致城市在传播范围的辐射上也不完全一样。对于一线城市来说，城市形象融媒体传播的范围基本要面向全国，因为无论是对旅游文化等资源的推广，还是发展资源引进的需求，其战略就是放眼于全国。此外，一线城市也会面向世界进行城市形象的国际传播，提升全球知名度与竞争力，而借势国际会议或赛事进行城市形象融媒体传播是非常实用的一种投放策略。2019 年 10 月起至 2020 年 1 月，北京市在欧美两大交通枢纽德国法兰克福国际机场和美国亚特兰大国际机场投放了“双奥之城，魅力北京”主题城市形象广告，主要传播对象是从两大机场出发、到达和中转的旅客，投放的渠道包括法兰克福机场外墙的巨幅广告墙、到达和中转闸口的广告墙贴和亚特兰大机场的电子屏等，投放期内可覆盖人群超千万人次。

对新一线城市来说，作为区域内的重点城市，要对区域内形成一定的辐射力，所以城市形象融媒体传播要重视在区域内形成较强的影响力，进而整合区域内的传播资源对区域外进行传播，也就是立足区域、放眼全国。新一线城市在城市形象国际传播方面也存在着差异，一些旅游资源与文化资源丰富的城市，例如成都、西安、杭州等都通过国际传播推广城市旅游资源，而它们本身具有的历史文化符号也成为传播过程中具有优势的特点。杭州市在 2016 年 G20 会议前夕与 BBC 国际新闻台合作推出了动画宣传片《欢迎来 G20 杭州》，在 44 个欧洲国家同步播出，总体覆盖量超过 2000 万人次。同时，杭州市还与英国《每日电

讯报》、法国《费加罗报》、德国《德国商报》以及《国家地理·旅行者》等杂志进行合作，对杭州进行了城市形象推广。

4. 城市形象的类型

当前，新一线城市在城市形象传播方面呈现的差异主要体现在城市定位与内容方面，这是因为城市是各具特质的综合体，它们的自然资源、历史沿革、民俗文化等都不尽相同，由此在受众心目中的认知也会有所差别。根据新一线城市形象传播重点的不同，将新一线城市形象分为如下几种类型（大多数城市的形象都不是单一类型，而是不同类型的组合）。

（1）人居环境类

城市承载着千万居民的生活，城市是否宜居成为一座城市能否吸引人、留住人的重要因素，特别是近年来国家对于生态环境的重视，人居环境也成为城市进行形象传播的重要考量因素。在新一线城市中对此类形象有所凸显的有成都、杭州、苏州、昆明等。

（2）历史文化类

新一线城市中包括一类具有悠久历史与深厚文化底蕴的城市，这些城市保留有知名的历史遗产，在其城市形象传播中也将此作为展示重点，并力图在受众心中形成相应的认知，比如西安、南京、郑州、长沙等。

（3）地理特色类

这类城市或具有独特鲜明的地理特色，或具有得天独厚的地理优势，因此在城市形象传播中会在此方面加以凸显，比如“山城”重庆独特的立体感、“江城”武汉的“九省通衢”、具有悠长海岸线和港口的青岛、“海上丝绸之路”的起点和环渤海地区经济中心天津等。

（4）产业发展类

在新一线城市中，有些城市在产业发展上具有鲜明特色，因此受众对其认知也包含对这一因素的印象，比如东北老工业基地沈阳、“世界工厂”制造业中心东莞等。

（三）中国城市形象媒体传播主体

传播主体是新一线城市形象融媒体传播的起点。就传播实践来看，城市形象传播是具有目的性的传播行为，而且是一项长期性、综合性、系统性的传播活动。在这一活动当中，传播主体所发挥的作用是具有决定性作用的，在传播规划的制定、传播过程的管理、传播资源的协调等方面都需要发挥积极的作用。

1. 政府主导融合多方参与的主体协同策略

城市形象的融媒体传播是多元主体共同参与传播，一项活动的主体一旦达到两个及以上，首先需要厘清主体之间的关系，彼此形成协同运作，才能够高效地推进传播活动，获得更优的传播效果。所以，传播主体间的关系需要践行主体协同策略。

（1）政府层面的统筹规划与资源协调

作为城市行政主体，政府具有其他主体无法比拟的信息渠道和资源优势。在融媒体时代，政府不再垄断信息和话语权，但在信息资源和资源调配能力等方面的优势依然存在，政府需要充分发挥自身优势，持续为城市形象融媒体传播增添动能。

政府在城市形象融媒体传播当中发挥主导作用，要明确树立城市形象传播与融媒体深入结合的理念，深刻理解城市形象融媒体传播的意义

所在，深刻体会传播环境的变化，深刻领悟自身在城市形象融媒体传播中应该发挥的作用，深入体察可以利用的信息、传播资源，积极参与到传播过程当中，建立起自身在传播过程中的主导作用。

城市形象的融媒体传播作为一项以自觉性传播为主的传播活动，传播主体是传播过程的第一个环节和首要因素。在当今新一线城市形象的融媒体传播中，传播主体尤其是作为核心的政府，并没有能够完全地意识到自己在传播活动中的角色与意义。由于专业性与经验的缺乏，政府并没有完全将城市形象传播工作置于其应有的高度，对多元传播主体及其各自的功用认知不足，也没有制定系统的、具有层次的、分阶段与长期的传播规划。

国内大部分新一线城市并没有将城市形象传播作为一项独立且重要的专业性工作来看待，这体现在大部分新一线城市都没有设立从事城市形象传播工作的专门小组和机构。虽然近年来新一线城市政府对这项工作日益重视起来，但是并没有在认识层面真正理解城市形象传播工作的系统性和重要性。新一线城市形象融媒体传播相关工作往往涉及不同行政部门，因此经常会有不同方面的工作被挂靠到分散的部门来执行。宣传部门经常会对城市形象传播活动进行管理，或开展一些传播活动；同时，商务部门、文旅部门、外事部门等也都会或多或少地开展相关活动。国内新一线城市由于没有建立跨部门的专门工作小组来协调城市形象传播工作，各部门活动的开展都是从各自的职能出发的，彼此之间的行动缺乏互相配合，也不能够更有效地将各个部门的资源加以整合。虽然有多部门共同合作参与的活动，但这样的活动是持续时间较短、着重于短期效果的活动，没有能够形成长效的协同工作机制。

由于在组织层面缺乏专业的、权威的、统一的专门工作小组或机构，对于城市形象融媒体传播来说，各主体会基于各自的目标、规划和资源，分别行动开展传播活动，往往缺乏系统的、长期的、相互配合的传播规划。参与城市形象传播活动的主体是多元的，政府、公众和社会组织都会参与其中，不同主体所具有的资源是不一样的，他们参与城市形象传播所擅长使用的媒介以及内容生产的机制也是不同的。如果事先对传播实践进行规划，城市形象传播就可以获得更大的声量，产生不同渠道的共振效应；多种视角、多方印证的传播活动也更加具有说服力，不同主体所拥有的资源也能得到合理的整合与调配，从而获得更大的使用价值。相反，如果缺乏规划，不同主体的传播活动就会处于割裂的状态，所能发挥的作用也将受到限制，只能产生有限的效果；更有甚者，如果在传播过程中出现冲突还会产生反作用，削减传播效果。

政府是城市形象融媒体传播的主导力量，同样也是城市规划与建设的主导者，应该对城市形象进行统筹规划。政府首先应当对城市的历史文化和自然资源作深入了解，只有对一个地方有足够的调研，才能够准确地把握城市的优势所在，制定出符合城市实际的、具有特色的传播规划，“城市文化资本”理论为此提供了一个基本框架。“城市文化资本”借用法国社会学家皮埃尔·布尔迪厄的文化资本理论，指出城市的物质文化、精神文化、制度文化等的资本意义，比如物质文化遗产、城市名人及精神价值，以及城市自身创造的一系列文化象征与文化符号等，是一种能够推动城市持续发展的动力机制，具有多种层次。城市形象融媒体传播涉及经济、社会、文化等多方面因素，就其本身来说，作为一种传播行为其更多涉及文化这一“无形”层面。因此，在推进城市

形象传播与城市可持续发展中，政府要对城市资源有一个全面的认识。

在对城市资源有了充足把握之后，政府要结合城市实际确定城市形象定位，这一定位要根据城市的发展变化及时作出调整，要根据城市形象定位制定城市形象融媒体传播规划，规划要具有专业性和实操性，既要有长期规划对原则性问题进行阐明，也要有短期规划来策划具体传播活动。规划要对传播过程的各方面加以通盘考虑，对可以调动使用的资源包括城市资源、传播资源等进行统筹，对传播目标进行明确；将长期的传播过程进行阶段性划分，突出不同阶段的传播重点，要对传播主体间的关系进行梳理，对不同媒介之间的协同配合情况进行说明。

（2）多元主体各司其职与协作配合

城市形象融媒体传播是在政府主导之下由多元主体参与的传播活动。传播主体的多元化，正深刻体现着由传统媒体时代向融媒体时代过渡带来的传播情境的变化。在曾经的直线传播模式之下，掌握话语权的传播主体将城市形象讯息自上而下地传达给受众，信息源是单一的，信息接受者也不具有更多的选择性，这一时期传播过程较为简单，干扰也相对较少。而在如今的立体化、网络化传播模式之下，信息源不再是单一的垄断话语权的主体，更多元的主体成为传播活动的参与者、传播行为的发起者，城市形象传播问题就变得更加复杂。城市形象融媒体传播如同在一个“场域”内，各种因素之间都存在互相依赖、互相影响的关系。传播主体多元化之后，如果主体之间的行为出现了反作用力，对于传播来说都是一种能量的损耗，甚至造成负面效应，因此，传播主体要发挥主观能动性，明确各自在传播活动中的优势、劣势和职责，在传播实践中明晰边界与局限，相互之间协作配合形成合力，推动城市形象融媒体传播取得更好的效果。这不是单一主体的任务，而是需要政府的统筹、规划、引导与管理，以及其他主体的参与和合作。

多元主体参与城市形象融媒体传播，它们所承担的责任和角色是不一样的，所以不能简单地认为是不同的主体在做同样的事情。在城市形象融媒体传播中，主体角色不同，它们的职责与做法也不相同，由此会影响到传播过程的每一个环节。

政府作为主导者，首先应该对传播过程进行统筹规划，调动有利于传播的资源；其次，应该牵头带领其他主体一同参与讨论城市的精神与核心价值；再次，要提升传播的深度，在文化层面进行深度挖掘，对传播效果进行评估，对传播策略进行及时纠偏。公众作为传播的主要参与者，要积极参与城市精神与核心价值的讨论与凝练，要充分发掘可供传播的素材，用接地气的视角参与城市形象传播的内容创作，展现城市的精神气质。社会组织与企业作为传播者，要推动城市内外沟通机制的畅通，而企业在某种程度上也承载着城市的形象，因此要重视自身对社会责任的践行与商业名誉的提升。

（3）专业人才梯队建设与过程管理

城市的竞争就是人才的竞争，城市对于人才的需求是全方位的。对于城市形象融媒体传播本身来说，专业人才的培养与专业团队的建设是一项极其重要的工作。人力资源是一项工作的核心因素，城市形象融媒体传播是以人为本的实践活动，在传播各个环节都需要人来参与，他们之中一部分具有的专业能力和经验，能够更加高效地利用传播资源，更好统筹传播过程。

城市形象融媒体传播是一项长期的工作，不可能一蹴而就，在传播

过程中需要相当专业的、复合型的知识与能力，专业人才与团队能够使这一长期工作持续平稳地运作下去。在传统环境下，城市形象传播经常体现为短期的传播活动，相关人员从分散的部门里抽调，组建成临时团队，由此导致传播效果不具有持续性，而且权责不明确也使传播效率受到很大影响。进入融媒体时代，传播过程复杂多变，组建城市形象融媒体传播专业团队已经成为一项迫在眉睫的任务。

专业团队中的人员应拥有广泛的来源。城市形象传播主导者政府中有多部门的工作有所涉及，比如宣传部门、商务部门、规划部门、文旅部门、外事部门等，这些部门中需要有专门的人员参与到团队当中。此外，公众也应有代表加入团队，具有丰富实践经验的公关公司等传媒机构的人员也可作为顾问参与其中。团队需要参与城市形象融媒体传播的全过程运作与管理，城市形象的定位需经由讨论达成共识之后由专业团队进行凝练与总结。城市形象传播的一部分内容也需要由专业人士进行制作，他们拥有精良的制作技术与优良的审美能力，可以提升整体内容的水准，弥补公众创作质量的缺失。专业团队要深入了解新兴媒介的传播路径，精准把握新的传播语境下的运营流程，懂得新媒体与传统媒体该怎样配合。专业团队还要对传播过程的各个环节进行监测与管理，对传播效果进行动态的、全面的评估。传播效果的形成受到多种因素的影响，要根据传播效果对影响因素进行专业的分析，并结合传播的实际情况提出优化策略，提升传播效率。

2. 核心特质融合多元利益的主体阐释策略

政府作为主要的传播主体需要发挥主动性、起到主导性作用，这就在于要带动社会公众对于城市精神和特质进行讨论，凝练出代表城市形象气质与发展目标的核心价值，建立起统一的城市形象传播规范，制定城市形象融媒体传播的基本原则；同时，也要具有包容性，要允许不同的表达方式和利益诉求的存在，只有这样才能够使城市形象融媒体传播充满活力、富有多样性。

（1）共同讨论确认城市核心特质

在长期的城市形象传播实践中，随着传播环境的不断变化，传播形式与内容呈现出丰富多样、异彩纷呈的繁荣景象。但在热闹的表象之下需要冷静思考，城市形象融媒体传播的内核是什么，花样繁多的展现背后究竟反映了怎样的城市价值，在传播技术快速发展、传播特征不断演进的时代，更需要找到恒久不变的精神内核。城市形象同时具有物质属性和精神属性，在城市发展的进程当中，物质层面的改造只是其中一部分，城市内部公众的精神需求是不可忽略的重要因素。一座城市的存在与发展，会形成城市特有的文化和精神气质。城市文化与精神的内核就是城市的核心特质，有了它城市才会有内核和灵魂，这种城市才能在精神上将内部主体凝聚在一起。历史地看，政府在城市的规划与建设方面能够相当大地影响到城市展现的建设面貌与外在表现，但就城市核心特质来说却不是少数人可以决定的，必须经由城市所有成员的讨论与互动、相互影响与作用而产生。

传播主导者应当在城市核心特质的讨论与凝练当中发挥应有作用。城市核心特质在很多方面都有事实上的体现，比如城市居民所展现的精神风貌、生活状态，城市著名的历史和人物，城市在一些大事件中的表现等。城市是复杂的有机体，正是因为城市的构成少不了人这一必要因素，所以每座城市也有不一样的性格、不一样的特质。城市核心特质在

城市形象传播融媒体传播的过程中会自然地体现出来，为了使其更加明确、具象，能够在内部主体之间达成共识，更加直观地传达给受众，并以此作为长期传播过程中恒久不变的灵魂，政府应当主动作为，在内部主体之间开展讨论，在一段时间的讨论与互动之后可以基本达成共识，城市的一些特质就会直观地展现在大家面前。

主导者还需要对城市核心特质进行凝练。一座城市所展现出来的性格和精神是多面的，要从中选择最具有辨识性的特质，这一阶段可以与城市形象的定位工作结合起来。城市形象定位同样也展现了城市核心特质，目的在于通过差异性的定位占据受众的心智，所以两者是相辅相成的。凝练不要求大而全，包含越多就越代表着特质的不明显。

新一线城市中有很多城市都提出过“城市精神”。例如，长沙市在1994年经过半年的讨论，并经市民投票确认了“心忧天下，敢为人先”的城市精神；青岛市曾经于2003年12月集中全市人民的建议意见，提出了“诚信、博大、和谐、卓越”的城市精神；2012年天津市经过讨论将“爱国诚信、务实创新、开放包容”确定为城市精神表述语。但从中可以看到，不同城市对“城市精神”内涵的认识存在差异，有的城市偏重于认为它是市民的面貌与素质，有的则将它作为城市应当追求的状态。而从字面表述来看，个别词语的出现率很高，比如“开放”“包容”“诚信”“创新”“和谐”等词语都多次出现。所以，现在很多新一线城市所提出的城市精神与城市核心特质还是具有内涵上的差异，城市核心特质应当更加凝练和具有辨识性，能够迅速地体现出城市和市民精神气质的不同，而不应追求塞进过多的词语。

需要说明的是，对于城市核心特质进行凝练并不代表对城市形象的片面化构建。精神层面的内容是复杂的，从中凝练核心特质是为了更加有效率地开展传播工作，可以拨开传播主体头脑中的迷雾，但并不意味着城市文化内涵就此变得单一，城市精神的复杂性依然会在城市与城市人的各方面有所体现。

（2）鼓励参与包容多元利益表达

城市核心特质是在不断转变的传播情境、纷繁多样的传播内容中进行城市形象融媒体传播的内核与灵魂，是在较长一段时间里稳定存在的“核”。而城市形象融媒体传播又是立体的、综合的传播，参与传播的主体是多元的，他们基于不同的推动力参与到传播实践当中，其背景、经验、利益诉求、立场等不会完全一致，这就造成他们在视角的选取和文本表达上存在不同的取向，这也就是城市形象融媒体传播的“壳”。在传播实践当中，传播主导者应当鼓励、引导更多的传播主体参与到城市形象融媒体传播的实践当中来，传播活动可以由此迸发活力。传播管理者要具有包容的心态，不同传播主体的表达可能会采用不同的视角，背后会反映出他们各异的志趣、立场与观点，这才是多元传播主体带来的积极意义，能够使传播过程更加多彩，能够与更大范围内背景各异的受众产生沟通。

融媒体时代一个显著的特征就是新媒体赋权普通民众参与传播活动。城市形象融媒体传播作为一个传播场域，在现代科学技术的飞速发展与变革之下，新媒体的出现与应用催生了新型民间话语，多元传播主体的参与必然会导致出现多元话语及力量互动与博弈的场景。这种多元话语在城市形象融媒体传播中的融合与渗透成为推动城市传播创新发展的动力，但如果只是旁观，也可能会成为阻碍内容表达、削弱传播效果

的桎梏。这就对于城市形象融媒体传播的管理者提出了相当高的要求，在传播实践过程中，既要包容多元话语的互动与博弈，又要适当地加以引导，减少负面效应出现的可能，更要主动作为推动多元话语间的融合与渗透。传播的受众毕竟是人，管理者要始终秉持以人为本的理念。意大利马克思主义学者葛兰西提出的“有机知识分子”理论认为，管理者要作为协调者与联系者，发挥其在多重话语沟通中的作用与功能，拓展受限的表达空间与传播渠道，包容并采纳多元话语的合理创意。

3. 自我表征融合他者形象的主体共塑策略

城市形象是主观与客观的结合体，它不取决于传播活动的任何一方而单独成立，而是在自我表征与他者形象的不断互动中形成。所以，传播者要认识到自身的作用和价值，了解到城市形象的形成是由城市内部主体和外部主体共同作用的过程。

（1）自我表征联结他者形象

城市形象概念本身具有主观层面的意义，即城市形象在受众的头脑中会形成认知建构的过程。传播学科曾经从认知心理学的角度对人内传播进行过研究，主要涉及的是人对于自我的建构。人在接收信息之后，会在自己的大脑产生信息处理的过程。人内传播并不是一种自我封闭的传播类型，它需要从外界获取信息，因此也具有社会性；而自我认知受到他人对自身的评价和期待影响，在“主我”与“客我”的互动中产生。这一模式同样可以映射在城市形象传播的研究中。城市形象也具有主观的认知性质，因此它的形成不仅来自传播者的活动，信息接收者同样会在接收到信息之后发挥自己的能动性对信息进行处理，受众头脑中城市形象的形成在两者间的互动中产生。城市形象融媒体传播还突破了人内传播中个人认知形成的过程，受众对城市的认知形成之后，掌握了传播渠道的他们可以转变身份成为传播者，将自己的认知进行反向输出，这样在传播场域内，就出现了来自受众的信息。这些信息与传播主体的信息都可能会到达之后的受众，这样之后的受众所接收到的与城市形象相关的信息就不仅来自传播主体，将还有一部分来自已经转换身份的早期受众。

传播学科已经存在类似的观点，在国家形象传播的传播范式中，有学者提出了“自塑”与“他塑“”的概念，分别指的是在国际传播过程中国家的自我表征以及传播过程中其他行为主体的认知。美国政治学家汉斯·摩根索在论述国家形象中“他塑”的重要性时提出，“正是我们在他人‘心境’中的形象而非我们本来的样子，决定了作为社会成员的我们到底是‘谁’——哪怕这镜中之像是歪曲的反映。”城市形象传播的范围比国家形象传播范围小，复杂程度也远远不及，但是两者具有相似的特点。既然是形象传播，就首先划分出了“自我”与“他者”两个分隔的主体，而这种分隔客观上由于地理和文化等因素也是确实存在的，所以这种“自塑”与“他塑”的互动理应也存在于城市形象融媒体传播当中。“自塑”一般指城市内部主体的传播活动，从讲好城市故事出发，向受众传播自身对城市以及同城市关系的认知。“他塑”的“他”是相对于城市内部主体而言的，既包括受众在个人头脑中对于城市的认知，也包括受众个人认知形成之后再次向他人进行二次传播。

（2）内外共塑形成城市形象

随着人类社会的发展，信息技术也在不断演进与迭代，信息空间的建构使“自我”与“他者”之间的物理区隔逐渐消弭。在现代意义上的

媒介出现以前，人们信息交流的空间范围十分受限，人和人之间只存在着当面的交流；之后文字的出现，从时间、空间上都超越了以往传播的范围。大众媒介出现之后，事实上本质地改变了传播关系，它打通了本土与异地、自我与他者的关联，使得孤立、封闭的空间和个体有了联系起来成为网络的可能。现代传播技术缔造信息空间，并且以各自的观念空间为交往尺度，从而搭建起交互双方的认知关系，使得“自我”与“他者”形象不断互动与融合。

城市形象传播的总体范式是在城市定位与形象元素的二元张力中，充分利用“自塑”与“他塑”的传播与建构合力形成优选策略。“自塑”依然在城市形象融媒体传播中占据着主导地位，城市内部主体掌握着一手信息资源，他们与城市天然存在着紧密的联系，由此获得的经验与背景也是他们在传播过程中的重要资源。他们是城市直接的利益相关者，因此也具有参与传播的动机和动力，对自己城市的信息也具有更高的敏感度。他们作为城市有机体的部分之一，在城市的定位与传播元素的问题上具有话语权。“他塑”具有重要地位，但是外部主体大部分本身不具有利益相关性，因此他们参与传播多是作为一种反应或是兴趣，不过他们对认知的表达会影响到传播主体，使其可能调整“自塑”策略。而非利益相关者的表达尽管在信息数量上不占优势，却更可能被其他受众所信任，所以从总体上来说，“他塑”与“自塑”始终处于互动的状态。这种“共塑”形象建构模式通过内部主体和外部主体对城市形象的共同塑造，形成合力相互支撑，真实反映城市形象的全貌，并且在这个过程中及时发现传播过程中的问题，借助他塑这面“镜子”及时修正自身行为和城市形象，塑造更为立体的城市形象。

（四）中国城市形象媒体传播内容策略

在新一线城市形象融媒体实践当中，传播内容是最为直观地呈现给受众的信息，它承载着传播者想要传达的意义，也是我们能够最直接地看到城市之间差异的一个环节和要素。因此，内容的构思、制作与分发都需要采取相应的策略，才能够建立起专业科学的传播路径。

1. 符号挖掘融合 IP 打造的元素堆栈策略

传播内容在城市形象融媒体传播当中是连接传播主体与受众的重要环节。传播就是信息的传递，传播主体向受众传播是为了意义的传达，这是一种精神层面的沟通，而意义是无形的，需要借助于可以感知的形式来进行传播。城市形象融媒体的传播内容就是这一类可以感知的具有物质属性的传播载体，传播主体通过形式多样的传播内容来完成城市形象融媒体传播。传播内容随着信息技术的发展有了更加丰富多彩的样貌，不过组成传播内容的基本单元却是相同的，即为城市形象元素，这是一类与城市形象相关联的象征符，传播内容正是通过选取城市形象元素，以此出发进行内容生产。城市形象融媒体的管理者应该运用信息管理系统，建立起城市形象元素资源库，从城市形象元素的挖掘、整理、管理、使用、共享等流程建立起专业的信息资源管理制度。

（1）多重取向的符号体系

城市形象的意义传达需要有象征符号作为传播载体，就如同文化并不能凭空传承一样，传播内容为了完成城市形象传播的目标，需要有城市形象元素作为基本构成。有学者曾经从文化层面对城市形象塑造进行

了研究，对城市文化的标志性符号，即城市符号给出了定义："城市符号就是指能够代表该城市文化特征的、具有传承价值的、给人以深刻印象并且让人引以为豪的标志性的事物。"城市形象元素作为象征符号同样也是一种符号，不过它的涵盖面应该更加广泛。作为一种信息资源，这些元素与城市有关联，能够反映城市形象的侧面，其不仅包括城市文化层面的符号，同样应该包含自然、产业、交通、建筑等各方面能够提取出来的元素，所以这是一个具有多重取向的符号体系。

符号作为载体目的在于传达精神层面的意义，但符号存在完全客观的现实性，这是指符号具有物质基础，它以物示物，由此产生意义。为了更清楚地阐释符号的物质性，符号学家巴赫金还曾专门指出："与自然现象、技术对象以及消费品一起，存在着一个特别的世界——符号世界。符号也是一些单个的物体，就正如我们看见的那样，任何一个自然、技术或消费的东西都可以成为符号，但同时它又具有单个物体自身范围内的意义。符号不只是作为现实的一部分存在着的，而且还反映和折射着另外一个现实。"[①]城市形象融媒体传播的管理者应当承担起城市形象信息资源的管理职责，应该主导对城市符号的深入挖掘，以建立城市形象元素资源库。城市作为一个有机体涉及方方面面，所以可供挖掘与使用的符号也是一个巨大的宝库。挖掘城市符号是一项长期工作，要将多种取向的符号进行分类整理，要对符号背后的故事加以说明并录入信息库，这些城市符号不仅可以用来进行城市形象融媒体传播的内容创作，也是值得保存下去的城市宝贵的信息资源。

① 巴赫金．马克思主义与语言哲学[M]．巴赫金全集（第二卷）．石家庄：河北教育出版社，1998：349-489.

（2）独具代表的 IP 形象

IP 这一概念在近几年方兴未艾，其应用的领域也随之不断延展，城市形象融媒体传播这一既现实又重要的传播领域同样应该重视 IP 的打造。IP 的全称“Intellectual Property”，它的中文含义耳熟能详，即“知识产权”。IP 本身并不是一个新概念，而是诞生已久的法律概念，但是在近几年这一概念变得火热，成为文化和传媒行业热衷于讨论的概念。它被应用在流行文化工业领域，其本身的内涵也超过了它的字面意义，暗含着文化接受和社会心理层面的深刻意涵。城市形象融媒体传播如果想要取得良好的传播效果，产生多层面的综合收益，就需要支持能够助力城市形象构建的独具代表性的城市 IP 打造。城市 IP 应立足于城市发展，以创新为核心，以多元化的产业链为配合，对关于特定城市价值提升的创意及其实现过程中的资源要素进行整合。

IP 概念暗含了文化因素，其实除了文化层面的意义，这一概念也同商业与文化产业经常联系在一起。好的城市 IP 打造出来之后，在专业团队的运作之下，可以打通价值链，围绕 IP 形成一条完整的产业链，从而在商业和文化产业方面获取巨大的收益。成功的城市 IP 不仅在文化层面可以承载城市形象的传播，也可以在现实领域对商业、产业等经济层面产生积极的促进与影响。物质决定意识，现实层面城市的发展反过来又会推动城市形象融媒体传播向正面的方向进步，这是形成良性循环的开端。

在新一线城市中，成都市对于大熊猫这一 IP 的扶植与推广是很值得学习和借鉴的。憨态可掬的大熊猫形象深入人心，而作为大熊猫主要栖息地之一的成都市在以大熊猫这一 IP 拉动文化产业发展上做足了功夫。

成都市积极推动大熊猫形象的传播，鼓励将大熊猫形象植入电影、电视、游戏、动漫、表情包等文化产品中，比如对接美国电影公司梦工场将成都元素植入动画电影《功夫熊猫 3》中；鼓励与扶植企业围绕大熊猫形象开发文创产品，孵化了天府熊猫 HeartPanda、成都熊猫屋等品牌，此举不仅带来了文化产业方面的收入，而且推动了大熊猫形象的多元化传播，占领了年轻人的心智；由国际著名设计师 Lawrence Argent 专门为成都创作的巨型“熊猫”攀附在春熙路商圈的成都国际金融中心外墙，使这里成为城市文化地标与旅游新名片。此外，成都市还创办了熊猫文创艺术节，打造了小通巷熊猫文创街区，积极构建大熊猫文化创意产业链与生态圈。

（3）协调一致的形象识别

在城市形象融媒体传播过程中，尤其在以政府为主体的传播活动中，会经常出现一种问题，那就是城市在形象识别方面不具有一致性，对受众构建起对城市的印象和认知形成了障碍。受众接受信息需要动用各种感官进行信息处理，形象具有客观属性的同时也具有主观属性。城市形象的形成既包括城市的表现与特征在公众头脑中的反映，也包括受众对城市形象进行识别而建立起来的认知和评价。城市形象既有有形的层面，同时也具有无形的层面，传播主体通常直观地对城市形象进行描述与展现，用物质性的传播内容对意义加以包裹；而受众心目中形象的形成具有很强的主观性，他们接收到城市形象的表现和特征之后，会结合自己以往的知识和经验对信息加以分析判断，进而形成综合性的评价。传播主体尤其是政府作为官方传播主体，应当在长期的传播过程中保持一致性，这种一致性体现在受众可以识别出来的要素上。现代企业都会建立起 CIS 系统，这是一种企业形象识别系统，在城市形象传播领域可以借鉴这一经验，建立城市形象识别系统，从而在城市内部对城市理念及形象战略行动达成一致的共识，在城市外部传递一致而稳定的理念，增进外部受众对城市的认同与支持，以此拓展城市的发展空间，为城市竞争创造优势。

城市形象识别系统的建立可以从三个方面入手，包括城市形象视觉识别系统、城市形象理念识别系统，以及城市形象行为识别系统。这些方面并不是彼此孤立的，而是互相联系与渗透的。

视觉识别系统是最为直观的，也是被采用最广泛的系统。视觉识别讲求在视觉层面给受众以一致且具有识别性的传达，很多城市都设计了统一的城市标识，这就是视觉识别的一个基础元素，它们通过长期的传播使受众可以一眼就辨识出来，进而联想到这座城市的形象。视觉识别系统还涉及城市实体空间的设计，在城市空间当中，公交站牌、街道、交通护栏等风格和颜色也具有识别性和一致性，城市内外部公众处于城市实体空间，也会对这种视觉识别有所感知。理念识别系统涉及城市的定位和对城市核心特质的凝练。在长期的城市形象传播过程中，受众可以透过传播活动对城市形象理念产生认知和评价。在政府主导下建立具有识别性和一致性的城市形象理念识别系统，也会对受众的认知和评价产生正面影响。城市形象行为识别系统包括公民行为、政府行为、城市活动、企业行为等，一方面通过各行为主体来反映城市特质，另一方面也需要各行为主体进行长期的磨合与实践。

杭州市曾经提出城市品牌经营的三部曲：第一步提出“生活品质之城”的城市形象定位，第二步推出杭州城市标识，第三步建立了城市雕

塑。杭州市的城市标识由“杭”字的篆书字体演变而来，同时结合了杭州的拱桥、园林、航船、建筑等元素，突显了杭州的城市特质和人文特色。这一城市标识在重大活动、公共建筑、城市窗口、特色区块、城市细节、公共设施、城市宣传、公务系统、荣誉信用、行业企业等领域广泛应用，成功推广了杭州市“生活品质”城市形象核心理念。

在 2018 年由抖音和清华大学城市品牌研究室共同发布的报告中，经过分类发现，城市形象视频内容播放量位居前 100 的短视频中，政府形象与市政服务类型的视频榜上有名。在这些视频中，政府的行为与形象直接地对受众对城市的印象产生影响，而行为识别系统的建立，有助于在这类传播活动中能够向受众展示协调一致的形象。

2. 后现代化融合宏大严肃的内容叙事策略

城市形象融媒体传播要借助传播内容作为载体，传播主体与受众要进行沟通，就要在城市形象和元素的基础之上讲好城市故事。传播内容直面受众，它对城市进行的描述直接关系到受众对信息的接受程度，进而影响受众对城市的认知与评价。在传统媒体时代的城市形象融媒体传播实践中，政府作为主导者承担了大部分的传播活动。回顾早期的城市形象广告和宣传片，其叙事策略更多是基于宏大的视角，展示分散的城市景观，而由于参与传播的主体有限，视角也比较单一。受众通过此类传播内容能够对城市的一些客观事物有所认知，但这种叙事难以真正走进受众的内心。在融媒体时代，传播内容应转向后现代化，在后现代文化中，形形色色的小叙事反倒成为后现代话语的主流，它们在相互竞争、互为补充中表现出蓬勃的活力、灵活性与创造性。从讲好城市故事的目的出发，这一角度给城市形象融媒体传播的内容叙事提供了可行的路径。

（1）以人为本的创作题材

城市形象融媒体传播的受众是人，他们具有丰富的感情，他们能够在传播中用心去感受、去体验。而城市形象融媒体传播主体同样也是由人组成的，和受众一样，同样富有感情，有生活的背景和经验，这其实就是在传播过程中受众和传播主体之间建立有效沟通的最根本因素。城市是一个复杂的有机体，其中重要的一部分同样是人，正是因为人的存在，城市才会显得富有生机，城市的存在才有意义。城市的发展实质是人的发展，所以在城市形象的展现上，人也是非常重要的一个层面。既然对于城市以及城市形象融媒体传播来说，人的存在赋予了它生命力，那就应当在传播内容创作时将以人为本的观念融入其中。传播内容的创作题材是丰富多样的，在传统媒体时代的城市形象传播当中，其选取的元素多是客观的事物，如建筑、景观等，在题材上更多的只是宏观的展示，看起来场面精美、气势恢宏，但少了和普通大众之间的联系，在受众心中形成了疏离感与不真实感，受众无法产生情感的共鸣[①]。进入融媒体时代，更多以普通民众视角创作的传播内容出现，在传播过程中不仅对城市场景有所展示，更把个人真实的城市生活体验加以连接，如此不仅使城市本身的形象显得鲜活、具有人情味，也可以使受众更加容易调动自身的体验理解传播内容，这样的城市形象就变得可以触摸且有温度[②]。

---

① 李希光．国际传播与国家形象（第 1 版）[M]. 北京：清华大学出版社，2015：92.

② 约翰·汤姆林森．全球化与文化（第 1 版）[M]. 郭英剑，译．北京：商务印书馆，2002：201.

作为城市形象传播在移动互联网的主要阵地之一，短视频平台的公众内容创作就展现出题材的平民化特征。在播放量较高的内容中，B（音乐）E（本土饮食）S（城市景观）T（科技感）占据了很大的比例。作为生活在城市的居民或者到访城市的游客，公众往往对于身边的生活更具有洞察力，他们对一座城市的感受和印象也是由这些生活的琐碎与片段所塑造的[①]。城市和人之间抽象的联系是以接地气的生活点滴所传递出来的，这样的题材与表达就更容易被受众理解并接受。

融媒体时代，公众正积极地参与到城市形象融媒体传播中，在新媒体平台上，市井化、在地化、鲜活的城市形象将以往扁平且抽象的城市，形象取代，所呈现的城市形象也更具特色、更有人情味，受众能够迅速地与城市建立情感联结。

（2）运用故事化的微叙事

讲好城市故事是当今做好城市形象融媒体传播的必要行动。在传播内容的叙事层面，为了更好地得到受众理解，构建立体的城市形象，应当增加从故事化叙事的角度创作的传播内容，以小见大的微叙事已经成为传播内容生产应用越来越多的叙事策略。

“叙事”一词来自叙事学，荷兰叙事学家米克·巴尔认为，“叙事学是一种关于多学科交叉的文化产品的理论。”后来，新闻学者在对新闻的分析上运用了叙事学方法，通过语言学和话语分析学对新闻文本进行详细分析和研究。新闻的故事化叙事指的是采用对话、描写、场景设置等手法，细致入微地展现事件中的情节和细节，从而突出事件中隐含

① 胡正荣．国际传播与国家形象构建（第 1 版）[M]. 北京：中国传媒大学出版社，2016：134.

的能够让人产生兴奋感、富有戏剧性的故事。之后，叙事理论也被用于多种类型内容创作的分析中。

微叙事是由大众媒体转型而新生的知识传达范式，这一范式是由新媒体表达出来的。微叙事借助微平台实现了广泛的意义建构与时间的本质流淌，它与以往宏观叙事呈现出不同的样貌。微叙事在较短时间内达成故事描述或意义表达，这适应了当今融媒体的传播环境，也为内容生产提供了有效借鉴，使用较短的篇幅，从以小见大的视角出发，更加贴合当今传播的特点。

故事化叙事以及微叙事都为我们扩展内容生产的空间提供了值得借鉴的方向。在城市形象传播的内容当中，有些沉醉于元素和符号的堆砌，想要在传播内容里塞进去尽可能多的东西，可是受众能否消化、能否理解，从实践来看效果还是有限的。故事化叙事和微叙事运用于城市形象传播的内容生产当中，同样体现了以人为本的理念。选取城市形象元素之后，怎样用接地气的题材并以故事化的方式安排叙事，突破宏大叙事的桎梏，在短时间内以较短的篇幅从微小的角度出发进行文本表达，来传达内容背后的精神意义，这也需要内容生产者修炼较强的功力和细致的拿捏本领。网红主播 Papi 酱的一则短视频《我以为来重庆是这样的……没想到》就在短短 20 几秒的时间里设置了故事情节，通过转折展现了重庆的美食，也表现出夏天“火热”的天气。

公众参与的内容创作多是从生活出发，显得更加接地气，而对于政府这一传播主体来说，官方投入资源专门制作的城市形象广告和城市形象宣传片，更加适合借鉴故事化叙事和微叙事进行编排。这些内容生产的目的更为直接和纯粹，相比于公众，可供利用的专业资源更多，而且

代表官方的传播内容又具有更强的权威效应，如何展现城市形象，能否让受众如沐春风，就需要内容生产者在叙事角度的拿捏上有所把握。

其实早在2003年，张艺谋就为成都拍摄了一则宣传片《成都，一座来了就不想离开的城市》。影片里，男主人公为了探寻奶奶的梦想而来到成都，并以第一人称自述的方式，呈现了成都的见闻与风情，讲述了自己对于成都这座城市的感受。这部影片在当时取得了极好的传播效果，而“一座来了就不想离开的城市”这一表述语更是沿用至今。在融媒体时代，官方的传播更要积极在叙事方式上加以探索，传播内容进行融媒体投放，要适应不同渠道的受众习惯与传播渠道的特点。如今一些新一线城市的政府在短视频平台一改严肃形象，适度进行“玩梗”，拉近与受众的距离，可以看作是对城市形象融媒体传播的有益尝试。

（3）视听结合的表现形式

城市形象融媒体传播内容的表现形式随着媒介技术的发展而日益丰富。融媒体时代的到来，为当今的传播活动提供了更多的可能性。马歇尔·麦克卢汉曾经说过，“媒介即人的延伸”。媒介技术的发展意味着人的感觉或感官得到了延伸，目前媒介技术的发展也正朝着感官统合的方向越走越远，人们接受传播时调动各种感官和感觉的参与，从而能够对于客观事物有更加深入、抽象的认识。传播内容在形式上应当积极拥抱传播环境变化而带来的可能性，积极探索多样的表现形式，适应在新的传播语境下受众信息接收习惯的转变，在传播过程中充分调动受众的各种感官与感觉，使他们能够通过传播内容获得更加深切难忘的体会，对城市有更加深刻、立体的认识，从精神层面对抽象的城市精神与特质有更加清晰的认知。

传播内容的表现形式应当用“可视化”的方式加以呈现。在融媒体传播时代，受众在接收信息的习惯上对于视觉刺激的偏好，从电视时代一直延续至今。视觉传播是具有层次性的，现在的短视频、直播是视觉、听觉融合的传播形式，画面相比于文字更加直观，多重感官的参与能获得一种在场感，这是只动用单一感官参与传播所不能获得的感受，所以要多用视听结合的表现形式生产传播内容。动用听觉还包括音乐的创作。在传播实践当中可以观察到，一些音乐为城市形象的传播增添了很多色彩。人们对于视频中的音乐评价非常高，产生了先“声”夺人的效果。虽然音乐在形态上没有具体的形状，但是它能够传达很多信息，也能对受众的精神层面产生影响。一首成功的歌曲可以让受众对一座城市或构成城市的某些部分产生好奇和向往，同时也可以传达城市的精神和性格，甚至可以在受众心里留下难以磨灭的、不可替代的印象，这对城市形象传播来说都是很好的结果。

而对于表现形式的探索一直在进行当中。如今有一些城市利用VR、AR、AI技术让受众参与城市体验，这类技术动用了受众更多的感官参与其中，甚至构建起一个个虚拟环境让受众产生几乎真实的在场体验。真实空间与虚拟空间产生了融合的趋势，也为城市形象传播融媒体传播的发展提供了可供观察的议题。

3. 技术驱动融合区域联动的内容分发策略

融媒体时代与传统媒体时代的一个重大区别就是内容分发机制的不同。传统媒体之外的新媒体技术已经被广泛采用，由于新媒体的特性使得受众被淹没在海量的信息当中，而如何使受众获得有效的信息，对于传播来说是提升效率所必须考虑的问题。技术手段的采用提升了内容分

发的效率，而对于新一线城市来说，对于区域内的其他地域产生辐射，并联合区域内共同向区域外进行传播也是现实需要考虑的两个层面。

（1）善用新兴技术精准传播

信息技术的发展给传播带来了全面的变革，新兴技术的采用也将为传播带来更多可能性。对城市形象融媒体传播来说，需要善用新兴技术，发挥技术的优势，以此对城市形象传播过程进行改进，提高传播效率，突破技术限制形成的各方面桎梏。

传统媒体时代的传播活动，对于传播对象的认知是模糊的，主要的受众认知方法即受众调研，更多地涉及人口统计学方面的属性。然而，在实际传播过程中，这种认知方法无法对传播对象有更加精细的划分，也没有精准到达目标受众的渠道，这一局限在新兴技术的赋权下实现了相当大的突破性。在当今的传播活动中，为了提升传播效率、节约传播成本，人们在传播之前都会确定传播的重点对象并建立用户画像。用户画像不仅涉及以往受众调查中的人口统计学指标，还具有更加丰富、精细的涉及受众生活、状态、喜好等各方面的指标，通过将不同的条件进行组合，最终确定出传播活动的目标对象。城市形象融媒体传播是一项长期的工作，但是也会有短期的传播活动和目标，受众的精细化分类为短期的传播活动提供了明确的指向。在当前的内容分发过程当中，算法机制的使用将传播过程变得智能与高效。算法相当于计算机进行学习的一种模式，在一定的规则之下对用户的习惯进行探索，并对传播过程进行优化，使得传播更加匹配，这一技术在信息流内容、短视频平台、电商平台等都有广泛的应用。

融媒体时代的城市形象传播，对于传播效率和传播效果必然有更高的要求，这是新兴技术赋权带来的推动力。传播主体要对传播过程有精细的管理与操作，善用新兴技术提高传播的精准性，并在传播的过程中积累信息资源与传播经验，如此才能适应技术的不断变革，进而把握住传播的主动权。

（2）形成区域联动辐射周边

城市之间的竞争就是对各种可持续发展所需资源的竞争，城市的发展阶段不同、定位不同、政治地位不同、地理区位不同等，都意味着城市发展中所承担的任务各有不同。对于新一线城市来说，虽然这并不是由官方提出的概念，而且它的排名也是根据一些商业指标确定的，但确实在一定程度上反映了城市的发展水平，也能够体现出一类城市的特征，毕竟商业发展与经济水平、地域与人口等因素都有着密切的联系。

纵观每年的榜单，上榜的城市都是在区域内具有一定辐射性的城市。和一线城市不同，新一线城市更加注重优先集聚区域内的资源，因为这些城市还未有一线城市的实力来将重心完全放在吸纳全国的优质资源上。从战略上来说，新一线城市更多地负有辐射周边、带动区域发展的责任，所以在城市形象融媒体传播活动中，新一线城市需要根据自身的发展阶段、建设需求、发展任务等走出一条差异化的道路。

移动互联网时代的传播更加具有精准性。从区域因素来说，LBS 相关技术的使用为在区域形成传播上的辐射提供了可能，它利用各类型的定位技术来获取定位设备当前的所在位置，通过移动互联网向定位设备提供信息资源和基础服务。应用相关技术可以在城市形象的传播中对周边区域进行辐射，以此来推动对区域资源的整合与吸纳。此外，在传播过程中也应当体现城市与区域的发展优势，体现自身的辐射带动能力，联动区域内其他城市共同向区域之外传播，以点带面为区域发展助力。

2019年国家发改委指出，新型城镇化的重点任务是要按照统筹规划、合理布局、分工协作、以大带小的原则，立足资源环境承载能力，推动城市群和都市圈健康发展，构建大中小城市和小城镇协调发展的城镇化空间格局。新一线城市基本是区域内的重要节点城市，甚至是所在城市群或都市圈的中心城市，因此在未来的城市形象融媒体传播活动中，要将自身的定位与区域相融合，融入城市群和都市圈的发展。

（3）监测反馈优化传播过程

城市形象融媒体传播是一项综合性的、长期性的工作，在这一项持续的传播工作中，由于传播目标分为短期目标和长期目标，所以不可能一步到位地完成传播，传播主体要在这一过程中进行持续的管理和阶段性的总结与优化。在以往的技术条件下，对传播的管理主要位于传播过程的前端，传播行为发生之后，对于其究竟带来了怎样的即时反馈与短期效果，往往没有进行清晰的呈现。信息技术的发展提升了传播的互动性，对于监测受众的反馈、判定短期效果，从而对传播进行持续优化提供了现实性。

要对传播过程进行管理，就要在技术的赋能下对传播过程的各个节点与监测指标进行细化。“接触管理”指出，要考虑到信息与受众接触的所有影响因素，包括时间、地点、环境、媒介类型、传播方式、受众心理等，通过管理信息接触的这些影响因素来控制信息传播的力度和效果，在城市形象融媒体传播过程中，这一概念值得借鉴。传播时间、渠道、频度、方式、受众反馈等影响因素构成了效果监测体系，在持续进行的传播活动中，要对这些指标进行监测与记录，从中发现不同因素组合对于信息的影响以及信息间的作用与关系网络，这些结果对于之后传播活动的优化具有非常重要的意义[①]。长期的传播工作是由很多短期的传播活动所组成的，在技术提供的传播环境下，要注重受众对传播活动的反馈，在融媒体传播中，受众乐于表达自己对传播内容的看法与态度，这些信息都是评价传播效果的重要抓手。采用信息抓取和内容分析对受众反馈进行分析，可以更加直观地看到受众对于传播内容的总体是否有正面评价，进一步分析还可以了解受众的兴趣点、需求点是什么。对受众的把握可以在融媒体传播环境下成为一项可以细化、落实的工作，对传播主体来说也能够在不断地优化调整中形成更加高效的传播模式[②]。

（五）国际传播视角下提升媒体形象的建议

通过以上对统计数据的量化分析以及进一步的质化研究，我们可以总结出以下几家国际主流媒体报道中国城市的特点。

第一，外国媒体版面上呈现出来的中国的城市形象是复杂、多元的。这里的复杂、多元有两层含义：一是从内容上讲，外媒对中国城市的关注点涵盖政治、经济、文化、社会、宗教、旅游等各个方面，从富裕阶层到中产阶级、普通民众再到中国社会的底层，这些报道对象都被纳入了外媒的视野范围内；二是从报道的手法和题材上讲，有些媒体和记者热衷于中国城市的负面新闻，甚至戴着有色眼镜用意识形态的思维去解读，而有些媒体和记者则比较理性和温和，他们关注的内容更加全面，也愿意把中国城市发展成功的经验介绍给国外受众。

---

① 丹尼尔·戴扬．媒介事件：历史的现场直播（第 1 版）[M]. 郭英剑，译．北京：北京大学出版社，2000：76.

② 王怡红．国际传播与国家形象（第 1 版）[M]. 北京：中国社会科学出版社，2014：88.

第二，突出经济成就，反映城市问题，关注底层民众。从对报道内容的分析上看，外国媒体对中国城市经济发展成就似乎抱有一个矛盾的心态：一方面感叹中国城市发展取得的巨大成就，并进一步分析这一发展可能会给自己媒体所在国家带来的机遇和好处；另一方面对中国城市在发展中出现的问题死盯不放，甚至故意放大其负面影响。此外，统计中的这些外国媒体，虽然他们的读者群大部分都是具有一定经济地位和知识水平的受众，但这些媒体对中国普通民众甚至底层民众的报道也不少，有关人性的话题是永恒的报道内容。

第三，突发性、重大性事件能极大地提高城市在国际媒体中的曝光率。从之前的统计数据中可以看出，中国各地发生的一些重大社会事件，外国媒体也对此进行了积极的报道，这就极大地提高了事件发生所在城市的曝光率。需要指出的是，虽然这些事件大部分都是负面新闻，但因其只是客观地发生在这些城市，事件可能会对新闻当事人产生负面影响，但对所发生的城市并无太大负面影响。

第四，城市的国际媒体形象与国家媒体形象相融合。如前文所述，城市的国际媒体形象是国家国际形象的一部分，外国媒体对中国城市政治、经济、社会、文化等方面的报道大部分都是放在中国这一整体的背景下展开的，他们并没有有意突出某个城市的形象，所以城市的国际媒体形象和国家的国际媒体形象并不是泾渭分明的，而是有机统一的。所以，城市国际媒体形象的提升并非只为本城市，同时还能提高城市所在国家的国际形象。以首尔为例，韩国前国家品牌委员会委员长俞尹大说，“首尔的品牌设计和韩国的国际品牌设计并非完全独立的，可以说是完全一体的，特别是观光旅游等领域，我们的工作的 90% 与首尔密切相关。”

第五，在报道的手法上，国际主流媒体与国内的宏观叙述方式迥异。国外媒体更喜欢将小人物的喜怒哀乐作为新闻的切入点，进而挖掘他们背后的故事，以讲故事的方式呈现出来。其实这种报道方式早已成型并发展出像“华尔街日报体”“纽约时报体”等国际上比较流行的新闻写作方法。例如《纽约时报》一位记者在接受采访时说：“在写关于GDP的新闻时，我并不喜欢去查一大堆数据，我更关心经济下滑如何影响普通家庭，未婚青年如何应对飙升的房价等问题。”

现如今，城市愈来愈成为全球化进程在一个国家或地区的先期着陆点，成为国家或地区参与国际竞争的地域空间主体。在全球一体化日益加深、国际传播日趋发达、新闻生产走向全球化以及国际舆论效应日渐凸显的信息时代，对于一个城市的国际影响力来说，城市的国际形象发挥着越来越重要的作用。在城市的国际形象构建中，大众传媒特别是世界主流媒体发挥着重要的作用。全球新闻好像一块透明的水晶石，世界各地不同的，有时甚至相互对立的政治和社会体系会在上面切割并打磨出不同的侧面。大众媒体在新闻报道中如何描述、呈现、评价城市，将在很大程度上影响人们对城市的认知、观念和态度，从而构建一个虚拟的城市形象，影响实体城市形象的真实认知。通过对中国城市的国际媒体形象的总体分析，本书总结出以下几点提高中国城市国际媒体形象、扩大中国城市国际影响力、提升中国城市国际竞争力的建议。

1. 尊重新闻的国际传播规律

近年来，中国各个城市的政府部门越来越重视城市的对外宣传和对外推广，经常通过在国内邀请国外媒体记者来做调研采访、专题采访，

在国外举办媒体推介会等形式提高城市的国际知名度和美誉度。然而，由于不了解国际传播规律和国外媒体新闻生产流程，致使传播效果大打折扣。当前的全球文化传播过程仍然受到符号与象征力量的操控，其本质是“软包装、硬内核”，即以媒体文化作为外包装、以意识形态和价值观念作为核心。因此，各地政府部门在城市的对外推广中应遵循国际传播规律，用国外媒体和受众听得懂、听得进、听得信的方式讲述中国城市故事，努力缩小中外文化差异、新闻管理制度差异所造成的信息鸿沟。

2. 城市形象与国家形象相融合

城市形象是国家形象的组成部分，在外国媒体对中国城市的报道中，城市形象和中国的国家形象并不是分割开的，而是相互融入、相互影响的。因此，在中国形象的国际推广中，在国家层面上，中央政府要整合各地城市的对外传播资源，在国家的对外推广活动中突出某些典型城市的形象，或者打包推广某些特色城市；在地方政府层面上，各个城市的对外宣传要符合国家的利益和政策方向，同时借助国家比较成熟的对外推广渠道和国外受众比较熟悉的、代表中国的国际符号来推广地方城市形象。例如 2012 年 7 月伦敦奥运会期间，成都市在伦敦策划了“大熊猫出租车跑奥运”活动，50 辆英国特色的黑色出租车被装扮成中国大熊猫的形象，穿梭于伦敦各大标志性建筑之间，借助大熊猫这个既代表中国形象又有成都本地特色的符号引起众多国际媒体的报道传播，极大地提高了成都的国际知名度和美誉度。

3. 重视跨国企业的国际传播作用

大型跨国企业的动态从来都是国际媒体关注和报道的热点。在新闻报道中，事件发生的地点是新闻的基本要素之一，所以跨国企业在一个城市的经济活动不仅对该地的经济发展起到直接的促进作用，还对提高这个城市的国际媒体曝光率有着极大的促进作用。在这里，跨国企业不仅是外国公司，随着以华为、小米、海尔等为代表的中国公司在国际上的影响力越来越大，这些公司在中国以及世界各地的经济活动也成为外国媒体报道的焦点。因此，地方政府应充分发掘、利用所在城市大型企业所蕴含的新闻价值，以此提高城市的曝光率和知名度。

4. 在国际媒体投放城市形象广告

除了北京、上海、广州等经济发达城市外，中国城市在国际媒体总体的曝光率普遍不高。认知的首要前提是信息的接触，而在外国媒体上投放广告是提高中国城市曝光率最直接的方式。目前，中国国家形象宣传片已在BBC、纽约时报广场等传播媒介上推广，上海、成都、天津、苏州等地的城市宣传片也在纽约时报广场等频频亮相，均取得了良好的传播效果。未来，中国的其他城市可以选择国际主流媒体，包括报纸、电视、网站、主流社交媒体平台等作为投放载体，推出具有针对性的、符合国外受众认知理念的城市形象广告，进一步提高城市的国际知名度。

四、传媒在重大事件报道中对提升国家形象的影响

国家形象是国家软实力建设的一部分，也是提升我国国际地位和影响力的重要组成部分。在全球化进程中，中国政府、企业、媒体和国民的国际交往更加频繁，为实现国家利益，降低商业和安全成本，为我国持续高质量发展赢得有利的舆论环境，对国家形象的构建和提升变得愈发重要。而媒体作为国家形象的最重要的传播者，其所报道的各类重大事件是国际受众了解中国的窗口，因此，传媒实则为重大事件报道搭建了一个提升国家形象的平台[①]。国家形象构建是全球化背景下各国面临的共同课题。国家形象与国家利益和对外关系密切相关，是一个国家竞争力的重要组成部分和软实力的外在表现。近年来，随着中国经济的快速发展、综合国力的大幅提升以及国际地位的不断提高，中国政府已经有了越来越强的国家形象意识，多种形式的对外传播活动也相继展开。但对中国而言，国家形象构建是一个崭新的实践课题，在一些规律性的东西上并没有丰富的实践经验，在一些思路与观念上也没有调整到位，这在很大程度上影响着我国国家形象构建与传播的效果[②]。加之中国当前综合国力与对外传播发展不平衡，面对西方强势媒体的狂轰滥炸和妖魔化宣传，相对弱势的传播语言和相对狭窄的国际传播渠道，给传媒业构建与提升中国国家形象增加了难度。因此，通过传媒提升国家形象是一个

① 詹姆斯·卡伦.媒体与权力（第1版）[M].北京：清华大学出版社，2006：102.

② 陈卫星.传播的观念（第1版）[M].北京：人民出版社，2004：67.

长期复杂的过程，相关的研究有赖于中国高质量发展的实践、传媒体系的不断完善和自身认识的不断提高。毫无疑问，传媒业构建和提升国家形象的对策问题，已成为我国新闻传播业亟待深入研究的重要课题。

在大多数情况下，受众所接受的海外新闻媒介的信息，只是他所接受的国内信息传播媒介的一个补充，也是其所接受全部信息的一小部分。对于国家传媒体系而言，一个国家的对外传播，相对于目标国家的对内传播而言，即便是最大限度地调动了所有的新闻传播资源，也总是处于弱势地位。因此，一个国家各个领域所发生的事情，能够进入外国受众的视听领域的就只有这个国家所发生的重大事件，或者是与受众国家利益相关的事件。借助于海内外媒体对国内重大事件共同聚焦的契机，政府和传媒通过优化传媒策略来提升国家形象，是中国传媒值得深入研究的课题。

随着我国综合国力的增强和媒体深度融合的发展，我国新闻媒体对构建和提升国家形象的理论研究与实践也受到国内学术界的普遍关注，“提升国家形象”作为新闻传播学与国际关系交叉学科论题也成为传播学领域的重大研究选题。近年来，中国出版了一大批重要的研究成果，填补了国内对外传播研究的空白。这些著述的出版对外传播的理论与实践问题进行比较深入和系统的研究，对于推进对外传播研究起到了非常重要的作用。其中，郭可撰著的《当代对外传播》、刘继南主编的《国际传播——现代传播论文选》、顾潜撰述的《中西方新闻传播：冲突、交融、共存》、蔡帼芬主编的《国际传播与对外宣传》等，对于对外传播的主客体、基本任务和地位，中西方传播观念的差异、策略，对外传播效果等问题进行了系统研究。周明伟主编的《国家形象研究论丛》、

张昆撰述的《国家形象传播》、刘继南主编的《国际传播与国家形象——国际关系的新视角》、李正国著述的《国家形象构建》等，立足于全球化大背景，搜集大量第一手数据资料，提出了利用对外传播提升国家形象的战略和策略，资料翔实、论述严谨，是传播工作者和相关研究人员开展学术研究的重要参考。

值得一提的是，除了上述成果外，对外宣传与传播部门及学术界关于对外宣传和传播的专题学术会议也日渐增多，议题涉及国家形象、对外传播的战略与策略、中西方对外传播比较以及外媒对华报道等。来自海内外的学术界代表认为，中国自身的发展是构建正面国家形象的基础，而当前外媒对中国的报道与解读是带有偏见的，要掌握自身的形象构建主动权就必须打破西方媒体在塑造中国形象方面的思维模式和话语霸权。要构建和传播我国良好国家形象，首先要树立我国媒体公正、可信的传播者形象。对这些议题的探讨，对于改进中国当前的对外传播实践、提升国家形象，具有重要的现实指导意义。

（一）传媒报道对国家形象的影响

虽然传媒不是构建国家形象的唯一因素，但它的普遍性和持久性使其最有资格成为首要的国家形象构建者。在国际新闻传播领域，一方面，各国都通过本国的国家形象传播体系努力向世界公众传播自己的国家形象；另一方面，国际新闻界（国际国家形象传播体系）也对其他国家的国家形象进行深度和广度地传播，任何一个国家的国家形象都是由本国的国家形象传播体系和国际国家形象传播体系的合力构建而成的。

如前所述，新闻传媒、重大事件和国家形象有着特殊的关系，因此，在全球化背景下，在我国综合国力、国际地位不断上升的过程中，研究传媒对国内重大事件报道提升国家形象的策略有着较大的促进意义。

国家形象是一个综合体，是国家外部公众和内部公众对国家本身、国家行为、国家各项活动及其成果给予的总的评价和认定，是国家和民族精神的外在表现与象征，是一个国家最重要的无形资产。国家形象是一个国家的软实力，是一国经济、政治、科技、军事、外交等的延伸，国家形象的构建与提升以一国的国土、资源以及人口等各项指标为物质基础，同时以经济、政治、科技、军事和外交等方面的发展为前提，追求国家利益是构建国家形象的最高原则。国家形象反映着社会公众对国家的认可与评价，好的国家形象能够维护国家利益，宣扬民族意志，赢得舆论支持，争取国际认同、支持与同情，彰显大国风范，而中国新闻传播业则要借助具有中国特色社会主义的传播学和国际传播理论体系，为我国在国际事务中发挥更大的作用提供强有力支持，为中国持续高质量发展提供更有利的国际舆论环境。

国家形象的物质基础是国家的综合实力，这些物质基础包括国土、资源、人口、政治、经济、科技、军事等一系列硬件基础。国家形象应该成为这些物质基础的综合反映和外在表现，成为国内事务和政治经济外交的延伸和反映。国家形象总是和国家行为、各种活动及其所带来的结果相关联，是国家各种活动结果的外在显示与表露，是国家各项实力的最直接、最综合的表现。国家形象反映着社会公众对国家的认可程度，体现着国家的声誉和知名度，好的国家形象就是得到国际公众的正面评价。

追求国家利益的最大化是提升国家形象的最终目的。追求和维护国家利益也是一切国际关系行为的出发点和最终归宿，是制定一个国家对

外目标、战略策略、外交政策的准绳。因此，对国家形象的研究也应首先追溯到其原点——国家利益上来。现实主义学者汉斯·摩根索提出的“国力方程”，即以权力和国家利益为核心。摩根认为权力是国家利益的直接内容，一个国家的利益是由这个国家的权力决定的。国家的权力大，国家的利益就可能大；反之，国家的权力小，国家的利益也只能小。提升包括国家形象在内的国际地位和影响力，将最终维护国家利益，获得国家权力。

一个国家在国际社会中的地位和贡献，不仅取决于他的综合国力，也与国家形象息息相关。经济全球化的发展和国际竞争的加剧，使得国家形象的利害关系凸显，在世界各国普遍奉行国家利益至上的国际社会中，国家形象对于国家实施并最终实现国家战略目标起着重要作用：第一，会影响到本国与他国间的关系，即外交关系。国家形象直接影响着世界各国政府、国际组织和公众对该国的态度，影响着各国政府、国际组织对该国政策的制定和实施。第二，也是本国同他国关系的一般性反映。一个国家形象的好坏、国际舆论环境的好坏影响着他国对该国的信任感，不利的国际舆论环境会使得交易成本和安全成本增加。国家形象的功能主要表现为以下方面。

政治功能。在国际社会中，任何国家身份地位的提高都取决于他国对本国的承认，这种承认直接关系到一个国家在国际社会的地位、政治经济利益等，尤其是在全球化背景下，国家之间在经济、政治等方面的联系、合作以及依赖日益紧密，在对方国民中得到承认是一个重要议题。因此，通过构建积极的国际形象以获得国际社会的认可，是一条不变的通则。

外交功能。构建积极、健康的国家形象，有利于一国外交政策的推行，并最终有利于维护国家利益。例如印尼海啸，美国通过救援增进了美国和印度尼西亚的外交关系；中国则通过救援让世人看到了中国负责任的国际形象，同时也拉近了与太平洋沿岸国家的距离。

商业经济功能。国家形象对消费者行为会产生直接或间接的影响，良好的国际形象有利于国家活动空间的扩大，促进经济的发展，增进外国政府、企业、投资者、贸易界人士的信心，更好地吸引资金、技术、人才流动，开拓国际市场，扩大市场份额等。

1. 传媒对外传播的特点及现状

中国当前对外传播主要是英语传播媒体，这不仅是由英语是国际官方语言决定的，也是由当前我国国情和世界格局决定的，同时也是由我国当前的传播现状决定的。

英语强势现状有着深厚的历史渊源和现实基础。对于非英语国家的中国来说，英语强势给我们的正面影响和负面影响不相上下。面对英语强势，中国所面临的选择是要么融入世界，要么孤立自己。毫无疑问，中国应该选择前者，而事实上中国已经这么做了。我国的传媒行业需要吸纳更多、更高水平的英语专业人才，以使我国的对外传播体系能不断扩大和优化。在有新闻的地方就有我们的媒体，在新闻的发生地就有可以讲当地语言的我们的媒体工作者，这是我们实现媒体本土化的具体呈现。与其他外语语种媒体相比，我国近年来突出了英语媒体的发展，英语媒体逐渐成为我国对外传播媒体中的“强势媒体”。除了英语媒体外，在对外传播的分众化策略中，其他语种的对外媒体也不容忽视，尤其是针对在外交上与中国有着特殊关系的国家的对外传播。

尽管国家形象并不单单是由中国英语媒体来构建的，但是中国英语媒体能否长足发展对于我国能否在国际上树立良好的形象至关重要。新中国成立以来，我国英语媒体在树立和维护中国国家形象方面做了大量卓有成效的工作，而未来中国英语媒体仍将继续肩负重塑和提升国家形象的艰巨任务。任务的艰巨性在于我国当前对外传播的发展不能适应不断变化发展的国际国内形势需要，而对外传播与国家形象的提升也并不是一件一蹴而就的事情，中国对外传播与英语媒体的发展、国家形象的提升任重而道远。

当前我国传媒界对外传播的现状主要表现为以下特征：在中国国家对外传播体系中，一方面由于我国相对薄弱的传播语言和西方强势媒体的信息轰炸，另一方面由于中国长期以来沿袭下来的新闻制度，许多新闻事件被西方人认为是中国编造出来的真相，继而西方媒体借助其强大的传播力量对中国进行恶意的歪曲、丑化报道，我国的国家形象也被西方媒体歪曲传播，但近年来我国对于重大事件报道的策略，已经表明中国媒体越来越成熟了。在国际社会中，中国一方面是以崛起的大国身份站立在世界舞台上，同时又以西方国家塑造的世界和平的“威胁者”身份出现，在这个过程中，中国既被国际社会所看重，又成为以美国为首的西方大国制约和防范的对象。中国现在一方面践行韬光养晦策略，集中力量发展经济，努力协调发展、改革和稳定的关系；另一方面，也以外交、媒体等途径反击西方的“中国威胁论”言论，以实际行动致力于构建一个繁荣昌盛、维护和平、以人为本、和谐发展的负责任的大国形象[①]。

---

① 哈罗德·英尼斯．传播的偏向（第1版）[M]．北京：中国人民大学出版社，2003：45.

在国际传播体系中，国际性主流媒体的影响力惊人，控制全球舆论的媒体仍然是美联社、法新社、《纽约时报》《华盛顿邮报》《新闻周刊》等西方媒体或国际性主流报纸、杂志和通讯社。这些国际主流媒体在报道国内事件和国际事件时采用双重标准，在国内报道中遵循和秉承传播的客观性、开放性和多元性等原则，而在国际传播的议程设置和新闻框架设置中就突出了意识形态特点和政治色彩。这些国际主流媒体在国际事务中的议程设置受到政治和国家利益的强大影响，他们所报道的国际新闻往往是经过精心策划的关键问题，在陈述和报道新闻事件的方式和语气中直接为国际受众设置好了新闻的框架。这些报道会影响到国际社会的各个方面，尤其是在国际事务和国际战略方面，往往会影响国际受众对一国或组织的整体看法。

我们现在所面对的传播格局是：中国当前在世界舞台上起着举足轻重的作用，而在世界的传播舞台上却声音相对孱弱。由于中国相对弱势的媒体话语权，中国的国家形象基本上是由美联社、CNN、《纽约时报》《华盛顿邮报》、法新社、路透社等少数西方媒体所塑造的。在中国的重大媒介事件的报道中，例如北京奥运会、上海世博会等，这些媒体不是注重对事件本身的报道，而是预设新闻框架，抓住一些细枝末节的小事件、小背景、小插曲进行渲染放大，把这些小材料变成这些西方媒体炒作的由头。

2. 传媒在塑造国家形象方面的特殊地位与功能

谁是塑造国家形象的主体呢？构建和塑造国家形象的主体有政府、企业、公众和媒体。政府在国家形象塑造方面发挥着主导性的作用，一方面，政府代表国家从事政治、经济、军事以及外交等活动，诸如领导

人出访、签署重大合作协议、参加各种论坛峰会等，这些活动往往引起媒体聚焦，从而引起全世界范围的共同关注；另一方面，政府代表国家通过媒体直接发布信息，包括政府设立的新闻办公室、记者招待会以及介绍相关政策的白皮书等官方文书等，以获得国际社会的认可与支持。企业则通过树立自己的品牌，通过所生产的商品和所提供的服务来参与到国家形象的构建与提升中。目前，中国企业在品牌认知方面存在较大困难，质量及服务评价不佳，在人们的印象中，中国仍是一个初级产品加工地，产品附加值不高。虽然近年来中国的名牌企业，如华为、小米、海尔等经过品牌提升战略取得了明显效果，但中国企业仍需在提升“Made in China”形象方面作出更多努力，最终为中国产品整体形象和中国国际形象的提升作出贡献。

与政府的官方立场不同，公众在国家形象构造方面是最“草根”的。中国公众在出国旅游、留学深造、与国际友人交往过程中，通过待人接物展示中国形象和风范。如果中国公众在这个过程中言行得体、文明礼让，处处体现礼仪之邦的文明特质，则有利于中国国家正面形象的宣扬；反之，有悖于文明礼貌的行为，如大声喧哗、言行失范、奢侈浪费等行为，则不利于中国国家形象的构建。

传媒介于政府和公众之间，媒体既可以代表所在国政府对另一国家所作的评价发表自己的观点，又可以反映公众意愿而站在民众的角度说话，因此媒介的影响力非常具有症候性。从某种意义上说，政府和传媒在构建国家形象方面具有融为一体的特点，政府的信息（无论官方信息还是民间信息）大多都要通过传媒来发布，而媒体（无论西方媒体还是中国媒体）也要代表所在国政府的立场来发布有利于本国政府的信息。

从这种意义上说，传媒是国家形象构建的载体，一个国家的对外信息大多要由大众传媒传播出去，因此，大众传媒在国家形象的构建与传播中是起到决定作用的。

（二）我国传媒对国家形象构建的探索

新中国成立初期，我国面对复杂的国际国内环境，最重要的任务就是建设和发展社会主义经济。因此，我国要创造一个和平、有利于社会主义发展的国际环境，反对霸权主义、强权政治的压制，同时要传递党和政府的声音，引导和反映中国的社会舆论，争取国际认同，这同时也是社会主义新闻事业的任务。这一时期，对外新闻事业发展迅速，形成了包括广播影视、外文书刊等在内的各种通讯手段所组成的相对完整的对外传播体系，向世界人民展现了一个充满蓬勃生机的社会主义新中国形象，同时也较为出色地配合与协助了我国外交事业和国际交往，使得相关国家对我国有了进一步的了解。

“文化大革命”时期，与新中国成立初期有所不同，国内外形势发生了巨大变化，中国同资本主义阵营的关系趋向缓和，同世界上其他国家的交往也有所增加。从客观条件上讲，这一时期中国对外传播事业应该得到长足发展，但实际上，在“十年动乱”中，新中国成立以来的对外传播基本原则和方法几乎全部被摒弃，业务压缩、刊物停办、新闻出版制度取消等，塑造了一个被损毁和扭曲的中国形象，媒介形象也因此遭到破坏。

改革开放以来，世界局势发生了深刻变化，世界单极化格局走向多极化，和平与发展成为世界的主题，而霸权主义和强权政治仍然是威胁

世界和平与发展的首要原因。国内，我国的对外传播事业随着改革开放的步伐日新月异，无论在规模、种类、手段、方法方面，还是在内容、效果上都有很大的提高，在结构上正逐步形成自己的传播体系。在国内国际有利环境的助推下，我国对外传播事业的传播效果得到大幅度提高，有效提升了国家形象。我国媒体致力于为经济建设服务，同时努力打破西方媒体的“妖魔化”轰炸，一个昔日满目疮痍、“东亚病夫”、贫穷落后的国家形象正被突飞猛进、日新月异的负责任的和平崛起的大国形象所取代。中国的对外传播事业虽然遭受了一些挫折，但总的来说业已取得了较大的成就，积累了丰富、成功的经验。

1. 党和国家对我国对外传播事业的重视

新中国成立伊始，我国就成立了国际新闻局，通过新华社海外各地分社、国际广播电台、中国新闻社、外文出版事业局等传媒机构和阵地，传播中国消息、维护国家利益，传达中国声音、构建国家形象。改革开放以来，党和国家对对外新闻工作提出了更高要求，以邓小平同志为核心的第二代中央领导集体提出的针对对外传播工作的意见和任务，得到了新闻工作者有力的贯彻落实和脚踏实地的实施，在短时间内，多门类、多层次、多渠道的对外传播体系初步建立。

进入21世纪，尤其是党的十八大以来，以习近平同志为核心的党中央高度重视国际传播工作，提出要增强国际话语权，加强国际传播能力建设，讲好中国故事，以前所未有的开放姿态向世界展示中国新的形象。我国媒体的国际传播能力建设也取得了很大进步，主动设置议题的意识、参与国际舆论竞争的自信、开展国际舆论斗争的能力明显增强。

对外传播事业关系到国家形象的塑造，对民族尊严的维护，也关系到中国良好国际环境的创造、中国进一步的对外开放和国家的繁荣富强，党中央的支持和重视为我国国际传播事业发展提供了物质基础和政策支持。

2. 对外宣传理念的与时俱进

新中国成立初期，毛泽东曾对新华社等提出重要指示：尽快做到在世界各地都能派有自己的记者，发出自己的消息，把地球管起来，让全世界都能听到我们的声音。这一指示的落实对扩大中国在国际上的影响，提高中国在世界上的威望起到了重要作用。

改革开放以后，邓小平又及时指出，中国的新闻事业要立足于“树立我们是一个和平力量、制约战争力量的形象”[①]。在新闻业务上坚持真实客观的原则，在维护国家利益和民族尊严的问题上更要坚持原则、顾全大局，这些理念为后来中国新闻事业的进步和国家形象的逐步提升奠定了良好理论基础。

进入新时代，中国和世界的关系正在发生历史性的转变，中国需要更好地了解世界，世界也需要更好地了解中国。党的十八大以来，以习近平同志为核心的党中央对进一步加强和改进对外宣传工作作出通盘部署，进一步理顺内宣外宣体制。习近平总书记强调：“世界那么大，问题那么多，国际社会期待听到中国声音、看到中国方案，中国不能缺席。”[②]这就要求我国需加快构建中国话语体系，用中国理论阐释中国实践，用中国实践升华中国理论，充分而鲜明地讲述中国共产党的故事、

① 邓小平．邓小平文选（第三卷）[M]. 北京：人民出版社，1993：104-105.

② 习近平．决胜全面建成小康社会 夺取新时代中国特色社会主义伟大胜利 [N]. 人民日报，2017-10-28（01）.

中国的故事及其背后的思想力量和精神力量。

3. 对外传播的原则方法

新中国成立以后，尽管我国提出了正确的、符合中国当时实际的对外传播原则和方法，但由于国内政治气候的变化，中国新闻事业在一段时间内受到“左倾”思想的束缚，中国媒体在世界上的公信力遭到削弱，没能达到通过新闻报道展示新中国形象的目标。

改革开放以后，中国对外传播业伴随着思想领域的拨乱反正回到了正确轨道。根据国内外形势的发展变化，我国新闻媒体坚持正确的指导思想，并在一定程度上形成了适合中国国情的对外传播模式，积累了一系列中国特色的原则和方法。

（1）“内外有别”“外外有别”原则

根据受众所处的自然地理环境、历史文化氛围，所使用的语言文字，所持有的价值观念、意识形态、宗教信仰以及地缘关系等因素的不同，要认真研究这些特点，区别对待，不能照搬国内的方式方法进行工作。

新闻传播事业要做到对待国内受众与国外受众有所不同，而对待不同国家的国外受众又各有不同，这是对外传播必须遵循的最基本的、规律性的指导原则，这与新闻理论中的受众定位和新闻报道的针对性原则不谋而合。重点地区、重点传媒、重点人群是我国对外传播的主要对象，分众化、小众化定位原则应在对外传播中落实体现。

（2）“了解第一”原则

对外传播的目的就是传播本国消息，传递中国声音，构建国家形象，维护国家利益。要达到构建、传播乃至提升国家形象的目的，就必须让世界倾听中国的声音、听懂中国的声音，让在世界不同角落的受众了解中国，了解一个真实的中国。然而，要达到这一点并不容易。外国受众对中国不甚了解，有的甚至一无所知，这就需要我们在对外报道时多注意添加关于背景信息和政策制度的介绍。多年来，我国传媒对外传播效率和传播效果不佳的原因也在于忽视或疏忽了外国受众的理解水平，加上国外强势媒体的丑化，在国外受众中形成了先入为主的效应，致使中国媒体传播质量和传播效果不甚理想。因此，要扭转这种局面，需要政府和媒体坚持不懈做增进了解的努力，完整、清晰、准确地介绍好中国的发展理念、发展道路、发展成就，展示好真实、立体、全面的中国。

（3）“用事实说话”原则

这是世界新闻媒体的普适性原则，而实践中，受到各国政治环境、国际关系和新闻从业者业务素质和工作作风的影响，“用事实说话”的原则并不是每时每刻都被各国媒体所遵循。“用事实说话”要真实、全面、深刻、精彩地反映事实的真相，以假乱真、以偏概全、表面文章和死板硬话都是新闻工作者的大忌。“用事实说话”，就是寓观点和立场于新闻事件的客观报道之中。外国受众不喜欢传媒表达自己的立场和观点，他们只喜欢“客观报道”。如果媒体在报道新闻事件时夹杂了自己的观点和倾向，外国受众就会认为这是不真实的、不客观的、不公正的报道。我国媒体的对外传播虽然取得了巨大进步，但在受众看来，宣传味依然过浓，这仍然是我国媒体对外传播的一大弊端。同时，“用事实说话”还应做到清晰易懂、生动活泼，能让受众主动地去接受信息的思想，这就对受众形成了无形的控制力。客观的报道、潜移默化的暗示，往往能达到传播的最好效果，因此，提升国家形象还应在“用事实说

话”上下大功夫。

（4）“讲故事”原则

国际传播媒介是讲好中国故事的重要平台，也是国外受众了解中国的重要渠道，更是我们国家主动设置议题、参与国际话语互动、推动国际传播能力建设的重要途径。讲故事是国际传播的最佳方式，讲好一个故事胜过万千大道理。当今中国正大踏步走近世界舞台中央，上演着一个个精彩动人的中国故事，在复杂的国际背景下，我们必须积极主动地讲好中国故事，从生活化视角切入，用“小故事”说“大问题”，从“小切口”看“大场面”，以平常人视角、通过平实的语言、用平和姿态讲好中国故事，向世界展现一个真实的中国、立体的中国、全面的中国。与此同时，要创新中国表达，把“我们想讲的”变成“受众想听的”，也可以把“受众想听的”融进“我们想讲的”，既要有具体细节、典型事例，又要有思想交流、情感互动，要认真研究不同国家受众的心理特点和接受习惯，着力打造融通中外的新概念新范畴新表述，让中国故事跨越种族、文化、地域的藩篱直抵人心。

（三）我国传媒在国家形象构建方面存在的问题

1. 新闻传播与政治语境高度一致

我国的新闻机构为介绍党的路线方针政策、传播中国声音、塑造中国形象，以及反对霸权、维护和平作出了应有贡献，但传媒与政治语境的高度一致也有明显的弊端。改革开放以后，在激烈的国际舆论竞争中，这种高度一致使得中国的新闻媒体和国家形象都处于被动地位，一些重大事件瞒报或迟报，使得我国媒体对外报道缺乏时效性。一方面，使我国新闻媒体错失了先发制人的良机；另一方面，别有用心的部分西方主流媒体预设新闻框架、偷换新闻语境，对中国进行歪曲和丑化，在外国受众中形成先入为主的效果，这对我国国家形象的构建和提升是极其不利的。

2. 国际传播缺乏针对性

尽管我国新闻机构坚持“内外有别”“外外有别”的原则，但我国使用外语与使用母语的西方主流媒体（主要是英语媒体）竞争本身难度就很大，再加上文化背景的挑战，要产生良好的传播效果就更加难上加难。而在实际操作中，受到人力、物力、财力、人员素质等方面的影响，以及英语媒体受众定位的趋同化，我国英语媒体的受众定位一般是外国人或国内英语学习者，而对于国内的英语学习者又有信息需求不足的劣势。因此，这样的媒体一般缺乏鲜明的个性，受众很难找到专门为自己量身定做的媒体，而小语种媒体的这种倾向性更明显，这也导致我国国际传播效果不佳、传媒影响力不强，在国际舞台上的声音孱弱，以致于国家形象基本上由西方少数主流媒体所“塑形”。

3. 对外宣传代替国际传播

多年来，我国习惯用对外宣传代替国际传播，但实际上国际传播不是对外宣传，二者无论在传授关系、客观内容上，还是在报道目的和说服方式上都存在显著差异。对外宣传是一个中国话的术语，顾名思义，只朝一个方向输出本国的方针政策、国内情况和本国对国际问题的立场等。而国际传播则有两个方向，一方面是输出，信息接收国的受众用耳朵听、用眼睛看，并产生认知上的说服力、情感上的感召力；另一方面是接收，听八方来音，通过信息接收国受众的反应和认可度改进我们的

传播方式，重述我们的故事。

4. 认同度和信任感低

一般情况下，受文化背景的影响，外国受众对政府主办主管的媒体有种天然的不信任，对本国媒体如此，对中国媒体也毫不例外。这并不是说我国的这种体制不好，只是当媒体赢得了受众的信任，受众就会产生对这家媒体的认同，这家媒体就对受众产生了极大的控制力。新闻报道只有不断捕捉受众具体想获知的目标，才能牢牢抓住受众的心。中国媒体对外国受众目前不具有这种巨大控制力，当然在国际议题设置中就不能占有优势。因此，我国对外传播的效果还有待提高，只有如此，才能赢得国际受众，才能在把握议程设置主动权中提升国家形象。

5. 国际舆论环境的影响

西方部分主流媒体利用自己的先发优势对中国进行妖魔化报道，在对中国不甚了解的西方受众中形成了根深蒂固的刻板印象，这种刻板印象一旦形成，需要用成倍的努力才能改变。一直以来，西方媒体利用人权、民主等加剧对中国的丑化报道，先是炮制“中国崩溃论”，之后随着中国的发展又编造“中国威胁论”，而后对于中国有理有据维护国家利益的态度又造出“中国傲慢论”“中国强硬论”等。这些都是对我国国家形象的丑化与捏造，而在国外受众中却形成了误解和刻板成见。

我国国际传播媒体除了极少数是自负盈亏之外，大部分媒体发展资金主要来源于财政拨款。国际传播人才招聘、机构建设、渠道拓展的成本较高，除了中央级媒体和部分经济发达省份的国际传播中心外，大部分国际传播媒体的投入总量不够，财政支持有限，而财政的支持力度直

接关系着对外传播机构发展的成效。经济实力较为薄弱的对外传播机构多处于“小马拉大车”的状态，以至于很多发展项目因为自身资金不足难以实施。而相比之下，国际一流媒体都有较充足的资金来源和全方位的支撑体系，在政策、资金、人才等方面进行“兜底”。

（四）传媒在国际传播中的媒介战略与组织艺术

党的十八大以来，我国出台了一系列旨在提高我国国际传播能力的一系列政策。除了中央级国际传播媒体外，地方国际传播中心建设方兴未艾，显示了我国打造国际媒体传播矩阵，引导国际舆论、提升国家形象的决心。

1. 传媒国际传播的媒介战略

我国在近年来的国际传播战略中，无论是国家政府还是媒体本身，都取得了巨大的进步。我国国际传播的最终目标是解决“挨骂”的问题和有苦说不出的问题，扩大在国际舆论场的音量，传播中国声音、讲好中国故事，提升我国国家形象，最终维护国家利益。

（1）建设和打造省级国际传播中心

未来提高我国媒体国际传播和辐射能力，增强我国在世界舆论的话语权和影响力，唯一的途径就是实现规模经营，做到强强联合、优势互补和资源的优化配置。在全球化的大背景下，要想增强我国在国际舞台上的话语权，构建我国理想的国家形象，首先要打造具有国际覆盖力、播出力和影响力出众的新闻媒介，这是树立我国和平崛起的发展中大国形象的话语载体。近年来，在中央级国际传播媒体实现高质量发展的同时，地方国际传播中心建设也已经驶入快速发展轨道，在国际传播新格局中发挥着重要

作用，为我国国际传播创新发展提供了新动能和重要补充。

（2）加强对国外受众的调研分析

传播效果的提升需要以准确的受众定位为基础，准确的定位和量化的传播效果依靠科学的调研才能取得。长期以来，我国对海外受众关于传播效果、媒介形象以及国家形象方面问题的调研总体较少，媒体的决策不是依靠科学数据而作出的，而是由主观臆断所作出的认为科学的决策。但近年来，中国国家形象得到前所未有的关注和重视，因此围绕国家形象传播方面的调研有大幅增长的趋势。要注重海外受众调研，开展具有针对性的目标区域的受众调查，加强传播效果的科学评估和受众反馈机制的建立。

（3）培养和利用意见领袖

"意见领袖"是指在人际传播网络中经常为他人提供信息，同时对他人施加影响的"活跃分子"，他们在大众传播效果的形成过程中起着重要的中介或过滤的作用。于国际传播而言，外国政府官员、商界精英、媒体记者、评论员、对中国某方面问题有研究的资深专家学者、在华的外国人以及来过中国的海外人士等都可以作为我国国际传播的意见领袖，应被视为我国国际传播的精英受众。一个意见领袖相当于多个普通受众，意见领袖的一次出访、一次非政府间的交流、一笔贸易、一次记者招待会、一段评论、一篇文章都能转化成许多普通受众对中国的看法，可以降低其刻板成见对我国国家形象的影响。

重视并扶持海外华文媒体也是培养和利用意见领袖的一种途径。海外华人具有影响小范围舆论的作用，对于西方媒体对中国歪曲事实的报道，充满爱国心的海外华人会用自己的行动表明自己的立场。例如，

2008年北京奥运火炬在英、法、美、德等国传递过程中，受到当地反对派的阻挠和抵制，加之之前BBC、CNN对中国的不公正报道，在英、法、美、德等国的海外华人举行集会、游行同声谴责西方媒体。他们抗议西方媒体的误导性报道，告诉外国民众事实真相，希望更多人倾听中国人民的声音。

2. 传媒国际传播的组织艺术

长期以来，我国传媒忽略了海外受众的接受心理和东西方文化差异，话语体系陈旧、表现形式单一，因此国际报道未取得良好的传播效果。这就要求我们在打造一流国际媒体、扩大传播渠道的同时，重构传播观念、优化传播策略，讲究对外传播的组织艺术和写作手法。

（1）用故事化表达方式，讲述本土故事

由于东西方文化和价值观差异的存在，许多对国内受众频频有效的表达方式换到西方受众面前就不那么奏效了，这也是我国国际传播效果不佳的一个客观原因。因此，用西方熟知和乐于接受的故事化表达方式，给世界受众展现一个真实的、充满勃勃生机、博大精深的中国，才能真正让世界聆听中国的声音。国际传播也是一门艺术，通过艺术的方式传达新闻报道的内容和解读新闻事实，不仅能满足受众的信息需求，同时也能在接受传者观点的过程中体验、深化认识。许多时候，我们的国际传播把政治性和政策性与艺术性对立起来，认为既然要坚持正确的舆论导向，就应该板着脸孔宣传和说教，这种观点是片面的。舆论导向是任何时候都要坚持的，但如果在传播过程中忽略或失去了艺术性，也就等于失去了受众，传播效果也不会有很大改善和提升。因此，只有把二者有机地融合在一起，才能赢得受众的信任，才能把自己的观点传达

给对方，才能最大限度保护国家利益。

（2）寻找交汇点，让受众产生共鸣

东西文化差异显然是西方误读中国的一个原因。东方文化以和谐为中心，即集体主义文化，强调群体利益和顾全大局；西方文化强调个性发展，认为个人高于集体、人权大于主权。在政治领域，东方文化强调大一统，强调人与人之间的协调、和谐相处，不强调极端与竞争，即“中庸之道”；而西方则非此即彼，对于好坏、真假追求准确性和明确性。尽管如此，东西方仍然有很多的共同点值得我们去探讨，例如，对战争的憎恶和维护和平的共同愿望、对自然灾害的畏惧与抗争、对文化艺术的共同追求、对人类共同的非物质文化遗产的保护等，这些因文明碰撞所产生的火花格外震撼人心。因此，要以共情、共通、共享构建新的传播路径，从情感上互相感知和体谅，在情感接受的前提下传播理念思想，才能把中国的声音传播出去，最终在世界舆论舞台占领制高点。

（3）寻找新闻专业主义和新闻倾向性的平衡点

无论媒体如何报道、解读新闻事件，新闻的事实基础是不变的，经过各国不同媒体的解读和评论，新闻就变得五花八门，使受众眼花缭乱，受众最终接受的就是他最信任的媒体的态度。西方主流媒体取得受众信任的根源是对新闻专业主义的坚持和传承。新闻专业主义的核心思想就是新闻自由和新闻的客观性，但这并不影响新闻具有倾向性，西方主流媒体就很善于用合适的方式表述具有倾向性的新闻事件。我国的媒体是党和政府的耳目喉舌，当然也具有倾向性，但我们需要的是潜移默化的倾向性，而不是媒体明显的政府立场。我们要学习西方主流媒体对新闻事件的介入方式、新闻背景的插入、新闻角度的选择，最终找准坚守新闻专业主义和坚持新闻倾向性的平衡点。

（4）用对共同话题的关注吸引受众

共同关注的话题不仅是东西方人民关心的，东西方的政府、媒体也关心。全球变暖等环境、生态问题、各国都有可能遇见的大的自然灾害问题、对人类的生命财产安全构成威胁的恐怖主义袭击需要各国通力协作才能解决的全球性的经济问题等，都是和各国政府和人民利益攸关的问题，对这些问题的讨论能够引发世界范围内的共同关注，因此中国对外传播也应多角度、多方位的寻找东西政府和人民共同关注的话题，将受众的视角引向我国传媒。

（五）全球化背景下传媒如何提升国家形象

无论西方发达国家承认与否，中国以不可阻挡之势发展与壮大起来的现实引起了他们的嫉妒和不安，因此才会有西方现代版的妖魔化言论和中国威胁论等对中国形象构建不利的媒体语境。中国媒体肩负着神圣使命，一方面要展示日益富强的中国发展面貌；另一方面要在国际舞台阐释中国立场、态度，争取越来越多国家的理解和支持，为中国高质量发展营造更为有利的舆论环境。

从某种意义上说，我们现在所面对的世界是媒介化了的世界。早在20世纪20年代，美国舆论学者李普曼就在其著作《舆论学》一书中指出：大众媒介时刻在向人们构建拟态环境，现代社会越来越信息化，而且信息环境也越来越环境化。也就是说，大众传播提示的信息环境，越来越有了演化为现实环境的趋势。

以美国为主导的西方世界一贯坚持对中国的遏制和防范措施，与之

相呼应，西方主流媒体对中国的报道一向不太客观。西方主流媒体掌握了塑造中国外在形象的主要渠道，因此呈现在世界公众面前的是一个负面的中国形象。而世界公众缺乏足够的渠道去接触真实的中国，他们心中的中国是根深蒂固的、被丑化渲染过的缺乏民主、缺乏人权、专制政权、没有新闻自由的形象，而西方受众所认同的正是被西方舆论所塑形的中国。一旦接触了真实的中国，他们会感到非常的惊讶甚至震撼。

在全球化背景下，达到人流、物流、资金流、信息流最大程度的自由和合理流通，是赢得国家利益最大化的前提条件，而信息流的自由与有效流通则是传媒构建国家形象的重要条件。因此，我国应在发展国家综合实力的基础上树立全球传播的新思维、新观念，打造一流国际传播媒体，构建国际传播新格局。

1. 国家发展是提升国家形象的现实基础

国家形象的匡正与提升是一个需要多重手段并用的系统工程，国家发展是构建国家形象的物质基础，没有国家各方面的高质量发展，提升国家形象就是空谈。在融入全球化的进程中，针对国际媒体对中国的报道以及中国国家形象现状，需要在以下几个方面发力：

（1）形成高质量发展合力

中国自身的发展是构建正面国际形象的基础。在全球化进程中，中国不可避免地要与大国和周边国家展开政治、经济、军事、科技、外交等各方面的竞争，因此我国要继续以经济建设为中心，转化经济发展模式，推进经济健康、和谐、可持续发展，提高人民生活满意度。当前我国经济正处于一个转变增长方式的关键期，要由世界工厂的粗放经济增长方式转变为以科技为核心竞争力的集约型经济增长方式，同时与世界各国开展双边、多边经贸合作，抵制贸易保护、消除贸易壁垒。中国综合实力的提升不靠花拳绣腿，靠的是核心竞争力的持续增强，要在加快构建新发展格局中更好统筹国内循环和国际循环，用好国内国际两个市场两种资源，生存力、竞争力、发展力、持续力不断增强。

在推进经济建设高质量发展的同时，还应提升对外交策略的重视，在国际交往中树立中国不卑不亢、独立自主、不畏强权的正义形象。对存在矛盾和冲突的国家和地区，中国不干涉别国内政，永远是维护和平和正义的力量；对有损我国国家利益的事务，我国必然作出有礼有节、不卑不亢的维护国家利益的反应。在国际组织来往中，在国际共同关注话题的商谈上，中国也要勇于承担应该承担的责任和义务，为地区和平和全球共同繁荣作出贡献，从而构建我国有责任、有担当的大国形象。此外，对发生自然灾害的国家和地区提供经济和人道主义援助，也是增进国际友谊和美化外交形象的重要措施。

（2）按国际规则办事

在融入全球化的进程中，我国不可避免地要与各国进行经济贸易合作、竞争和交流，要在各种各样的国际组织中与他国进行交往和合作，并就国际重要事务进行磋商交流。在有理有据地、不卑不亢地维护本国利益的基础上，我国还应遵守国际法规、国际惯例和国际条约，勇于承担应该承担的责任和义务，按照国际上通行的惯例办事，为构建国家形象加分。中国在很多西方国家眼中仍然是一个异域的神秘国度，这种神秘的潜台词就是“不按规则出牌”。因此，任何不遵守国际规则的行为都会强化他国民众对中国的负面印象，也会令我国在与他国的交往中失去主动权。

（3）提升国际传播力

国际传播力是国家软实力的一部分。经济腾飞、国力增强为我国对外传播增强了自信力，但国际传播力的提升还要在文化竞争中实现。中国近年来在应对西方传媒渗透和竞争策略中，虽然身居全球贸易第二大国的地位，但身处文化贸易逆差的尴尬局面。在全球化加速和国家战略的推动下，我国主要官方媒体已于2010年6月开始试运行英语电视新闻线路，以提升我国的国家形象并扩大中国在全球的传媒影响力；新华社、《人民日报》等中央级媒体采取了不同的媒体策略和攻势，以各自的优势、特点、风格向世界发出了新的声音；近年来，各地纷纷成立国际传播中心，标志着从中央到地方的矩阵式、立体化大外宣格局进一步完善。但从世界范围看，全球主要传媒集团主要呈现出经营规模的全球化、经营手段的综合化、传媒技术的现代化、传播内容和人才的本土化的特点，相比之下，我国国际传播媒体距此仍有很大差距。虽然我国当前实施的战略措施还不足以使中国媒体在短时间内赶超BBC、CNN等国际一流媒体，但这些战略和措施是必经途径，我们要有战略定力，系统集成、整体推进、久久为功。事实上，提升传媒的国际传播力，人才是核心，只有大力培养和吸纳大量高素质新闻外语通用人才，才能真正提高舆论引导能力，提升传媒国际传播力。

因此，如果我们只韬光养晦、发展实力，多少会引起外部世界对中国战略目标的猜测和不安，“中国威胁论”的出现，一部分是源于西方个别国家别有用心的策划和煽动，一部分则是由于中国传媒对中国和平崛起解释和介绍得不够。如果我们能够既做也说，积极地向外部世界介绍中国、让国际社会了解中国，增进各国人民对中国的了解和支持；如果我们充分掌握跨文化沟通的技巧，按照与中国亲疏程度，分门别类地制定传播目标，用真诚的沟通与交流使对中国有敌意的人消除或减弱敌意，让对中国友好的人对中国的友谊更加深厚；如果我们的政治话语不是在西方的后面追着不放、照搬西方模式，而是强调中国特色，在融入世界文化全球化的同时建设融通中外的话语体系，才能开辟中国和世界交流对话的新境界，为我国营造有利的国际舆论环境。

（4）重塑政府形象

外在形象再好的国家政府也不可能是无懈可击的政府，加大基础设施建设投入力度、解决民生问题、培养文明优秀国民是提升政府内外形象的必经途径。

政府除了以经济建设为中心增强国家实力之外，还应专注于加大基础设施建设和便民设施投入力度，增强人民生活便利程度，更多地关注民生问题，解决一系列现存问题，诸如百姓的就医、就业、住房问题等，这些问题也往往是外媒关注和指责中国政府的借口。因此，解决好现存问题是提高人民生活满意度的必然途径，也是提升政府和国家形象的必然措施。但是知易行难，这些问题的存在并不是单个方面的简单问题，一些问题是长期的历史积累，还有一些问题则是错综复杂的系统弊端。要想解决好这些问题绝不是一蹴而就的事情，但是政府必须拿出解决问题的决心和力度。

（5）提升国民素质

国民素质问题也是别有用心的外媒指责中国的借口之一。有分析显示，在关于北京奥运会、上海世博会的种种负面言论中，其中对中国国民素质的指责占半数以上，诸如随地吐痰、高声喧哗、乱扔垃圾、装扮残疾人插队等。在诸多外媒的报道中，也经常闪现诸如“中国人怀揣大

量钞票在国外到处购买奢侈品”等挥金如土的新闻，并把国外购物热与国内部分官员的腐败和贫富差距问题结合起来抹黑中国。因此，政府和媒体应加大在公益宣传、提高国民素质方面的关注和投入力度，从对青少年文明素质的培养做起，培育优秀文明的国民。公民也要从自身做起，尤其在面对外国人或者置身国外时，要时刻提醒自己不仅仅是一个个体人，更代表着中国的国家形象，任何不文明的行为都会有损国家形象。同样，如果举止得体、文明礼貌，也会改变外国人对中国人的看法，对于提升国家形象大有裨益。

2. 建立高信度、高质量的国际传播网络

在新的国际环境下树立国际传播的新思维，是营造有利于中国发展舆论环境的现实需要。当前和今后一个时期我国发展仍然处于重要战略机遇期，确立新的国际传播思维，以新思维推进国际传播工作，对于充分利用国际国内两个市场、两种资源，实现更加强劲可持续的发展具有重要战略意义。

在世界一体化进程中，虽然存在信息的不平等和不对称，但每个国家和民族、每一种文化都有传播的机会和权利。归根结底，只有建立高信度和高质量的国际传播网络，占领舆论高地，才能更好地构建与传播我国的国家形象。

（1）“有新闻的地方就有我们”

从传播学理论来看，不管是李普曼的拟态环境的信息化理论、麦克斯韦的大众传播的议题设置功能理论，还是心理学家凯尼·曼和特威尔斯基的框架装置理论，都表明媒体在构建拟态环境的基础上还决定着人们关注什么问题、用何种逻辑思考问题，以及在采取什么样的立场和态

度方面起着重要作用。对第一手新闻资讯的掌控在形成社会议程和诠释框架方面起着至关重要的作用。对信息对称的认知必须由不同媒体多角度的报道来共同构建，“有新闻的地方就有我们”是实现构建中国国际话语体系、与世界有效沟通的关键一步。

因此，如果我国传媒行业的发展速度与国家实力发展速度不对称，面对国外受众，中国的通讯社、电视台、报纸、广播电台、新媒体所播报的国内曝光率不够，而占据国外受众视野的仍然是美联社、法新社、路透社等主流媒体播报的歪曲、丑化中国的妖魔化报道，势必会造成国外受众对中国的刻板印象，这样的媒体现状显然不利于中国政府和媒体所致力于的国家形象的建构与提升。改变这一现状的办法之一就是壮大我国国际传播队伍、提升国际传播效能，掌握与国家实力相对应的话语权，掌控第一资讯以及实现新闻信息对等，从而逐步修正外媒所塑形的中国形象。

（2）树立开放、自信、可靠的中国媒体形象

要构建我国良好的国家形象，首先要树立我国媒体公正、可信的传播者形象。信息的开放、透明是受众最基本的需求，任何形式和程度的信息封锁都不利于媒体开放形象的构建。真实性是新闻的生命，用事实说话也是构建可靠媒体形象的基本条件，用强大的传播力、引导力、影响力、公信力和开放透明、真实可靠的新闻才能构建媒体开放、自信、可靠的形象。此外，对于国际传播而言，还必须强调新闻报道的针对性和传播效果的有效性。面对不同的传播对象、不同的国家和地区以及与中国有着不同亲疏关系的地区、媒体和人群，都要制定出行之有效的策略和方法。真实性和针对性的有机结合，才能体现在传播效果的有效性上，即受众对信息的接受和最终的支持和共情。

（3）培育大传播意识，打造一流媒体

对国家形象的修正与提升必须由作为载体和渠道的一流主流媒体来实现，而打造一流主流媒体必须首先树立国际传播竞争意识和培育大传播意识。总体来说，中国媒体要在以下两方面取得大的突破：媒体的整体策划包装，最终与国际接轨；培养大批一流的高素质人才。

媒体的整体策划是提高对外传播力的重要条件。一方面是对传媒产业的整体策划和包装，加强同行业的合作与交流，实现强强联合，打造国际一流主流媒体；另一方面，是对新闻事件的整体策划，如对重大传媒事件的提前关注与策划，最终形成有利舆论；而对于突发事件，也要主动通过新闻发布会等方式向外播发信息，消极的态度不可能适应快速运转的数字媒体时代。

（4）发挥海外华人及华人传媒作用

海外华人和华人传媒在国外也是当地舆论领袖的一部分。海外华人深怀爱国热情，无论身处何地都不忘维护国家和民族的尊严和形象。海外华文传媒肩负着传播中国信息、传递中国声音的使命，肩负着传承中华传统文化、提升海外华人形象和国家形象的使命。中国文化热的兴起使得一部分海外汉语学习者选择华文媒体作为学习资料，这也在一定程度上为海外华文传媒拓展了内容渠道。但当前海外华文传媒还存在诸多问题，比如，由于国家对海外传播事业人才和资金的投入有限，加之经营不善，没有培养起足够大的受众群，因此海外华人传媒面临人才和资金两缺的困境；沿袭国内媒体的报道传统“报喜不报忧”，新闻信息欠缺客观公正，在海外受众群中缺乏公信力；没有把握受众真正的信息需求，传播效果不佳等。虽然海外华文传媒面临着诸多困难，但却有着勃勃生机和光明前景。因此，不管是国内媒体还是海外华文媒体都必须转变传播观念，创新国际传播的新思维、新理念、新路径，打造一流主流媒体、培养一流人才队伍，是解决诸多国际传播问题的有效途径。

五、基于国际短视频平台的中国国家形象构建分析

在全球化融合发展的背景下，新媒体成为构建和呈现国家形象的重要工具。其中，以 TikTok 为代表的短视频平台凭借视频时长短、互动性强、传播速度快、传播范围广等特点迅速兴起并产生国际影响力。2018 年以来，国际短视频平台 TikTok 的下载量一直稳居前列，为呈现中国国家形象起到了良好的推动作用。

TikTok 平台通过横竖屏搭配、多样化景别以及不同颜色字幕等呈现出个性鲜明的国民形象、丰富多元的文化形象以及不同风格的社会形象。在呈现中国国家形象的视频中，TikTok 平台用户运用了视觉隐喻、视觉转喻、对比修辞等多种视觉修辞方式，呈现了一个包容开放、真实立体、独一无二的中国国家形象。基于此，本研究对短视频平台更好地呈现中国国家形象提出了三点修辞优化策略：第一，不断优化平台内容、提高短视频平台国际影响力；第二，跨越文化语境障碍，打造世界共通话语空间；第三，加强视觉修辞的实际应用，以视听内容丰富用户体验。

伴随着 AI、5G 等网络技术的不断发展和社交媒体的普及，经济和政治全球化的国际形势和传媒形势都发生了深刻的改变。较之传统媒体，新媒体平台的多元性、开放性、民主性正在赋权于民，使国际传播走进了“人人都是麦克风”的新时代，人人都可以成为国际传播的参与者和传播者。我国一方面正在进行传统媒体的转型升级，另一方面也在

利用新媒体平台讲好中国故事、传播中国声音。其中，国际短视频平台TikTok凭借简单的操作、丰富的音乐库、有趣的内容获得了海内外用户的喜爱。

TikTok致力于搭建一个公共话语平台，每个用户都可以在该平台获得平等的发言机会。在中国国家形象的呈现中，海外用户拥有着不容小觑的传播力量。不同于主流媒体，他们倾向于从自身真实的体验和感受出发，注重情感化的表达方式，在一定程度上淡化了官方权威声音。他们在TikTok平台发布的视频，涵盖了中国的方方面面，改变了其他国家对中国的刻板印象，呈现出了一个友好包容的中国国家形象。

国家形象作为一种软实力，关系到一个国家在国际社会中的政治地位和经济参与程度。在信息传播全球化的时代，国际短视频平台是提升国家形象的重要手段。在国家形象的呈现中，既要重视“以我为主”的“自我澄清”“我为我说”，又要重视“以外制外”的“他者塑造”“别人替我说”。TikTok作为国际传播的热门短视频平台，呈现的中国国家形象获得了众多海外用户的持续关注，用户有意或无意分享的与中国相关的视频，在无形之中构建了一个立体多元的中国国家形象。

全球化语境下，TikTok在传播中华文化、讲好中国故事、传播中国声音中发挥了不可替代的作用。本书基于对国际短视频平台TikTok的深入分析，探讨了短视频平台提升中国国家形象的特点和优势，为其他短视频平台更好地呈现中国国家形象提供了借鉴。

（一）关于短视频平台的研究概况

以“短视频平台”为关键词在中国知网数据库中查找相关文献，截

至 2023 年 2 月，以“短视频平台”为关键词的文献共有 3074 条记录，从 2018 年起，文献数量呈大幅上升趋势。结合相关文献内容分析，发现短视频平台的研究侧重点主要集中在以下几个方面：

第一，关于短视频平台发展情况的研究。

国内学界对短视频平台的讨论大多集中于阐释短视频平台的发展状况，针对现阶段发展情况提出相关问题并给予对策建议。刘鹏飞在《我国短视频平台的发展历程与走向》中梳理了短视频的发展历程，包括从短视频的火爆到进入短视频时代，再到 UGC、PGC 内容制造者的崛起。这篇论文较为全面地梳理了短视频平台的发展脉络，并且结合当前的现实情况对未来短视频的发展进行了预测。王晓红、包圆圆等的《移动短视频的发展现状及趋势观察》更加具体地从发展现状、功能对比、传播特性、问题和趋势等四个方面讨论了移动短视频平台在我国今后的发展道路。这篇文章的特点在于不只探讨国内或者国外的某一个短视频平台，而是选取了国内外最热门的五个短视频平台作为研究对象，具有更广阔的视野。

第二，关于短视频平台内容与策略的研究。

学者倾向于选择热门短视频平台抖音作为研究个例进行深入分析，并且以传播学理论或传播模式作为框架，以此探究短视频平台内容的特征、现状、变化，指出短视频当前发展的局限性和提出可行性对策。常江、田浩的《迷因理论视域下的短视频文化——基于抖音的个案研究》以迷因理论为研究的理论框架，分析了互联网短视频的文化归属、特点和文化潜能，试图建立一个阐释短视频文化研究的总体框架。这篇文章除了理论框架外，还提出了短视频文化研究的一般性框架。张志安、彭璐的《混合情感传播模式：主流媒体短视频内容生产研究——以人民日报抖音号为例》通过对《人民日报》抖音号的内容进行分析，概括了报道内容和题材类型的特征，探讨了内容与生产模式的新变化。这篇文章拥有丰富的数据支撑，研究结论更具信服力。李永宁、吴晔等的《内容为王：社交短视频平台的知识传播机制研究》以抖音为数据来源，阐述了知识短视频传播主题和传播内容特征、社交短视频平台中的知识传播现状，以及社交短视频平台作为知识传播渠道受到的限制。这篇文章运用了理论模式并提出了研究假设，整体逻辑性较强。在此基础上，该文章还运用了多样化的表格将数据进行可视化呈现，提高文章可读性的同时，也提升了研究结论的信服度。

第三，关于短视频平台用户的研究。

杨凤娇、孙雨婷的《主流媒体抖音号短视频用户参与度研究——基于〈人民日报〉抖音号的实证分析》中，以《人民日报》抖音号短视频为研究对象，对其内容特性和用户参与度之间进行归因分析。这篇论文将点赞数、评论数、平台内转发数和跨平台分享数四个变量作为衡量用户参与度的指标。闫泽茹的《“抖音”趣缘群体使用行为研究——基于使用与满足理论》选取抖音平台上的趣缘群体为研究对象，采用以问卷调查为主的定量研究方法，总结该群体在抖音平台上的需求及使用行为与模式。

（二）关于国家形象呈现的研究概况

在世界范围内，关于国家形象的研究肇始于冷战初期的 50 年代。据初步统计，国家形象这个词首先出现在著名经济学家肯尼斯·博尔丁的

《国家形象和国家体系》中，他将国家形象视为一国在其感知国际体系内其他行为体感知到的综合。

从中国范围来看，由于受国外环境、国内政策以及领导者个人因素的影响，不同时期中国国家形象的思想和实践呈现出阶段性特征。在毛泽东时期，中国国家形象是在复杂的国际环境中进行的，这一时期的中国形象带有明显的时代特征和领导者的个人印记；在邓小平时期，他在前一时期的基础之上，创造性地提出了中国特色社会主义国家形象的定位；冷战后，中国国家形象的塑造由过去的被动转化为主动，中国逐渐呈现出了一个大国、和平的国家形象；2013 年，习近平在全国宣传会议上强调，要精心做好对外宣传工作，创新对外宣传方式，着力打造融通中外的新概念新范畴新表述，讲好中国故事，传播好中国声音；2021 年，习近平强调，构建具有鲜明中国特色的战略传播体系，着力提高国际传播影响力、中华文化感召力、中国形象亲和力、中国话语说服力、国际舆论引导力。中国国家形象呈现一直被视作重要且不可忽略的课题，是一个不断继承和发展的过程，也取得了一定的实践成果。

近年来，与国家形象呈现相关的文献与著作有所增加，截至 2023 年 2 月，以“国家形象呈现”为主题的文献共有 3271 条记录。其中，硕士论文 1764 篇，博士论文 265 篇。通过对现有文献的分析，将特点总结如下。

首先，国家形象呈现的研究覆盖了传播学、政治学、国际关系学、新闻学、社会心理学等多个学科，展现出多元合作的态势。其中，薛亚军的《国民与国家形象塑造——十七年（1949—1966）美术研究》，从美术学角度出发探讨对国家形象的塑造；胡腾蛟的《冷战时期美国公共外交与国家形象塑造（1947—1961）》、艾小勇的《重大事件中的国家形象塑造——公共外交视角》，从国际关系的角度出发研究国家形象的构建；胡洁的《建构视角下的外宣翻译研究》，从英语语言学的角度出发研究国家形象的建构。这些论文分别从美术学、国际关系、英语语言学等方面对中国国家形象进行呈现，丰富了学术界对国家形象构建的研究方向。其次，现有研究多集中在对报纸、杂志等传统主流媒体对国家形象呈现的考察，少部分研究关注新媒体对国家形象的呈现。除此之外，现有研究对国家形象的考察大多从评论文本出发，较少对传播内容进行深入分析。傅小龙的《2015 年〈印度时报〉涉华报道网络评论的中国国家形象呈现》、张浩哲的《我国国家形象的媒介呈现及认知研究——以〈人民日报〉为例》，均是从主流媒体的报道出发，以某一特定时期的报道作为具体的研究对象。丁琳的《中国网络媒体国际传播中国家形象构建研究》以《中国日报》网英文版、人民网英文版、新华网英文版为例进行内容分析，将网络媒体与中国国家形象相结合并提出国家形象构建的模式和路径，这篇论文根据国家形象构建要素分析出“塑造—传播—认同”和“传播—认同—塑造”两大构建模式以及国家形象构建路径。

最后，现有关于国家形象构建的研究大多包括“自塑”和“他塑”两重意涵。通过对现有文献的分析，研究主要集中于探究当前“自塑”和“他塑”存在的问题以及提出相应的解决措施上。罗以澄、夏倩芳的《他国形象误读：在多维视野中观察》，从“他塑”的角度出发，分析了文化因素、政治和意识形态因素、新闻职业性因素、消费主义因素等对国家形象的误读，并提出了相应的建议，这篇文章列举了大量的案例

佐证作者的观点。张梓轩、商俊的《国家形象多重塑造中的信誉与情感证明——基于中外合拍片英语评论的语义分析》，从国际合拍影片出发，融合了“自塑”与“他塑”的国家形象构建方式，采用定量与定性相结合的研究方法，探讨国家形象塑造的新内涵。这篇论文的优点在于既有修辞学作为理论框架，又有大量的评论文本作为分析对象。

结合现有对与国家形象相关文献的总结和分析，本书从短视频平台出发，弥补了当前研究主要从传统主流媒体出发的不足，并且指出在国际短视频平台 TikTok 发布的视频更多地是从“他塑”的角度出发的，更能站在其他国家的立场了解他们眼中的中国形象，由此找到更好呈现中国国家形象的方式方法。

（三）关于视觉修辞的研究概况

西方的修辞学源自古希腊。亚里士多德所著《修辞学》一书，被誉为西方修辞学的奠基之作，他给修辞下的定义是“一种能够从任何问题中发现可能说服的功能”。劝说，正是古典修辞学的辩证核心。法国著名社会学家与文学评论家罗兰·巴特在《形象的修辞》中较早地将传统修辞术语应用到视觉传播领域，对于视觉修辞的研究具有开创性的意义。较之国外，国内对于视觉修辞的研究相对较晚，近年来关于修辞研究的论文呈大幅增加的趋势。如果以“视觉修辞”为关键词在中国知网数据库查找相关文献，可以发现，截至 2023 年 2 月，以“视觉修辞”为关键词的文献共有 608 条结果。结合相关文献内容分析可知，视觉修辞的研究主要从内涵和运用两个方面展开。

第一，关于视觉修辞内涵的研究。国内传统的修辞研究多集中于语言修辞，而视觉修辞的概念则以舶来品的形式进入中国学者的视野。2003 年，冯丙奇发表的《视觉修辞理论的开创——巴特与都兰德广告视觉修辞研究初探》是我国第一篇中文的有关视觉修辞的文章。他认为，视觉修辞意味着要使传播效果达到最优化，并针对参与传播的多种视觉成分，实施有目的地选择和配置的方法或技巧。刘涛的《媒介·空间·事件：观看的“语法”与视觉修辞方法》对视觉修辞的内涵进行了补充和完善，他强调，“所谓视觉修辞，是指强调以视觉化的媒介文本、空间文本、事件文本为主体修辞对象，通过策略性地运用视觉文本，以及对视觉话语进行策略性建构和制作以实现劝服、对话和交流作用的实践与方式”。本书将以视觉修辞作为主要理论依据，基于以上对视觉修辞内涵的解读和延伸，分析 TikTok 中国相关视频内容是如何使用视觉话语进行策略性的建构与生产的。

第二，关于视觉修辞运用的研究。刘涛在《西方数据新闻中的中国：一个视觉修辞分析框架》中提出了“修辞三角”理论，从视听符号、叙事方式和修辞格三个方面对西方数据新闻进行了分析。郭小旭的《我国国家形象宣传片的视觉修辞研究（2011—2019》在分析国家形象宣传片的视觉修辞方式时，运用了刘涛的“修辞三角”理论，指出国家形象宣传片视觉修辞的根本在于实现国家形象跨文化劝服和认同的目的。周莹在《中国文化在海外社交平台的国际传播研究——以 TikTok 平台的民间主体视频为例》中以视觉修辞、视觉叙事以及视觉说服为理论依据，探究了中国文化在海外社交媒体平台的传播的可行性路径。

第三，关于短视频的视觉修辞研究。修辞学经历了从语言到图像再到空间的演变过程。早期，视觉修辞只是停留在语言文本的修辞上，到

了后期，修辞的对象逐步扩展。美国修辞学家伯克认为，修辞不应仅停留于语言层面，修辞对象还应涵盖绘画、舞蹈、雕塑等非语言艺术作品。由此，古典修辞学开始向新修辞学过渡，其中，视觉修辞就是伴随着新修辞学而出现的一个主要的研究领域。

近几年来，视觉修辞的领域变得更加宽泛，越来越多的学者将关注点从以往的广告、漫画、海报转向电影、动画、综艺节目、纪录片等，例如章慧的《中国新主流电影的视觉修辞研究——以〈我和我的祖国〉为例》、张蕾的《国内获奖动画电影的视觉修辞研究——以 2015—2019 年“金龙奖”获奖作品为例》、陈慧的《电影视觉修辞研究》等。随着新媒体的发展，短视频也成为视觉修辞的重要对象。常啸的《短视频作为视觉文本的意义研究》阐释了视觉修辞跟随时代发展对短视频文本的意义解读，他将视觉修辞作为单独一个章节，以奔驰女车主哭诉维权这一社会热点为案例，运用视觉修辞互文的三大语境要素对短视频进行了意义解读。

基于此，本书将目光聚焦于视觉修辞视域下国际短视频平台 TikTok 呈现的中国国家形象，深入分析热门视频如何运用视觉修辞对国家形象进行呈现，达到了怎样的修辞效果，以及对其他短视频呈现国家形象具有怎样的借鉴作用等。

1. 研究对象

本书选取了国际短视频平台 TikTok“china”” Chinese”标签下点赞量最高的前 500 个视频，通过数据清洗筛选，剔除重复与无效样本，最后获得有效样本 438 个视频，并将其作为研究国际短视频平台呈现中国国家形象的主要研究对象。

2. 研究问题

以国际短视频平台呈现中国国家形象为课题，分析国际短视频平台与中国国家形象呈现的关联性，以“国际短视频平台呈现中国国家形象具备什么优势—国际短视频平台呈现了什么样的中国国家形象—国际短视频平台运用了什么样的方法去呈现中国国家形象—未来如何利用国际短视频平台更好地呈现中国国家形象”这一逻辑主线为主要研究内容，并结合传播学的相关知识，对收集的数据进行归纳和分析，最后形成一个完整的结构和内容体系。

（四）呈现中国国家形象的途径

作为发生环境与底层语言，语境确定了文本的释义规则，其功能就是对释义行为的“锚定”。“语境”是话语传播时所依赖的环境，任何视觉文本中视听符号意义的产生都离不开特定的语境，在分析国际短视频平台 TikTok 呈现中国国家形象时，不能脱离具体的语境。

当前，全球化趋势带来了新的发展机遇和挑战，TikTok 在出海过程中需充分考虑自身与其他国家在文化、意识形态、思想观念方面的差异，从而更好地迎接全球化的挑战，抓住全球化带来的机遇，更好地传播中国声音。随着 5G 时代的来临，短视频平台呈现出“百舸争流”的趋势，TikTok 需要不断进行系统更新升级，始终坚持以用户的体验为先，继而保持 TikTok 的领先优势。此外，TikTok 在呈现国家形象时应更多将主动权交给用户，让其发挥主观能动性，让每个用户都成为国际传播的参与者。最后，TikTok 面向全球用户，呈现中国形象的对象既包括中国用户也包括海外用户，由于双方在认知水平、教育程度、文化习俗

等各方面的差异，中国用户呈现的中国国家形象更加全面深入，海外用户则是从“他者”视角出发，呈现的中国国家形象更加真实客观。

本部分将从 TikTok 呈现中国形象的社会语境、平台语境、用户语境三个视角出发，通过分析 TikTok 呈现中国国家形象的具体情境，找到 TikTok 呈现中国国家形象的优势和特点。

1. 呈现中国形象的社会语境

TikTok 对中国国家形象的呈现无法脱离社会文化语境，包括国际语境和国内语境两个维度。全球化进程的加快，给予了 TikTok 走向国际大舞台的机会。然而，出海的过程并非一帆风顺。近年来，TikTok 曾先后多次被美国政府问询。从最开始的行政会，到后来参与国会听证会，对此，TikTok 做出了一系列的努力。例如将源代码和数据交给甲骨文管理，重金投入“德州计划”来确保美国本地用户的数据安全，并限制 18 岁以下青少年使用 TikTok 的时间等。面对来自海外各个国家的质疑和审视，TikTok 会根据不同国家的政策和法规，进行功能的调整和完善。

（1）国际：全球化的挑战和机遇

在全球化语境中，国际传播成为各国在全球进行战略布局的重要环节。国际传播离不开特定的历史发展和社会语境，提升中华文化国际传播能力，无法脱离当下中国引领的“新型全球化”时代发展环境。“冷战”结束后，文化层面上的分歧代替了意识形态，成为引发全球冲突的本源，主宰全球的力量是“文明的碰撞”。

在新媒体发展的浪潮下，以 Meta（原脸书）、X（原推特）、YouTube、TikTok 为代表的国际短视频平台用户数量呈指数级增长，这些平台成为全球信息传播的主要载体。其中，作为中国出海的短视频平台 TikTok 突破重围，在海外各大排行榜上屡夺第一。其间，TikTok 曾数次遭到美国、英国、印度等国家的封禁，全球化带来的挑战和考验从未停止。TikTok 在美国引领了短视频社交的新潮流，并拥有约 1.7 亿美国用户，这令西方立法者和监管机构不安。2020 年 7 月 31 日，时任美国副总统特朗普曾以侵害隐私、泄露数据为由向媒体表示，将禁止 TikTok 在美国运营，并于 8 月 7 日直接开出行政禁令。2024 年 3 月，美众议院能源和商业委员会以 50 票赞成、0 票反对的结果通过了一项“要求字节跳动在 165 天内剥离 TikTok”的法案。除美国外，英国也认为 TikTok 逐日攀升的下载量给其带来了“威胁”。2023 年 2 月，英国国会外交委员会主席卡恩斯以数据安全隐患为由，建议民众不要使用中国社交软件 TikTok。面对卡恩斯的指控，TikTok 发言人表示，会采取相应措施让英国数百万的 TikTok 用户的数据储存在爱尔兰的数据中心，通过降低员工访问率等方式，在最大程度上减少欧洲以外的数据流动，以保证用户的隐私。

探寻 TikTok 被禁的外部原因，无法脱离对国际局势的考察。当今世界正经历百年未有之大变局，国际格局正处于深刻的调整之中，世界已经进入了一个动荡变革期。TikTok 被禁是中美博弈的反映，美国妄图通过封禁来打击和遏制中国成为国际视域下新的主导力量。无论面对哪个国家的指控和制裁，TikTok 都选择了迎难而上，通过调整功能等方式尽可能消除安全隐患。

TikTok 在应对全球性挑战的同时，也迎来了全球化发展的新机遇。第一，TikTok 在不断拓展业务，寻求新的商机。2023 年，TikTok 陆续在 12 个国家开通 TikTok Shop，其中包括法国、意大利、西班牙等传统欧洲国家，还有澳大利亚、新西兰、巴西等国家和地区，将继续加快小店业务在全球的拓展。据统计，2022 年上半年，TikTok 电商的 GMV 已超 10 亿美元；2022 年全年，TikTok Shop 在东南亚的 GMV 增长逾三倍，达到 44 亿美元。

第二，TikTok 在海外得到了用户的认可和支持。据 SensorTower 发布的《2023 年全球移动应用（非游戏）市场展望》报告显示，2022 年在全球非游戏移动应用中，TikTok 以 7.3 亿次的下载量连续五年稳居全球娱乐应用下载榜冠军。稳定上升的下载量是 TikTok 成功出海最好的证明。在 TikTok 面临美国行政禁令时，超过 20 位 TikTok 头部红人撰写联名信并表示"TikTok 为年轻人提供了一个无比自由的交流平台，这样的环境和氛围是年轻人在 Facebook 和 Instagram 上找不到的"。紧接着，TikTok 的忠实粉丝还在其他社交媒体平台发起了"拯救 TikTok"的相关话题，浏览量累计超过 10 亿人次。

（2）国内：开启全民传播时代

5G 时代，短视频依然是最热门的互联网产品。抖音在国内连续多年领跑，保持了头部平台的先天优势，市场份额进一步扩大。抖音海外版 TikTok 也不甘落后，全球月活用户数量已经突破 10 亿，成为一个具有国际影响力的短视频平台。

随着互联网媒介技术的发展，国际化短视频平台得到了广泛使用，降低了个体参与国际传播活动的门槛，每个个体都可以成为国际传播信息网络中的一个媒体连接点，全民传播时代已然开启。

全民传播时代，人人都可以打造"爆款"。专业的设备和剪辑技术已不是获得流量的制胜法宝，引发共鸣的选题更受用户的青睐，从而成

为人人追捧的“爆款”。在 TikTok 平台上，与“中国”相关的视频总能获得较高关注。一方面，源于中国的综合实力不断增强，其他国家对中国的关注度不断提升；另一方面，过去由官方舆论场占据主导地位的话语环境，已经转变为官方舆论场和民间舆论场并行的新格局，在国际传播中，普通用户真实的生活内容分享往往能够比官方声音更能打动人心，从而达到良好的传播效果。

全民传播时代，人人都是国际传播的参与者。短视频的出现，降低了个体参与国际传播活动的门槛，还让个体成为国家形象塑造中的一员。用户在国际短视频平台上分享中国的吃穿住行、对比中国和海外国家的文化差异、讨论中国人的语言习惯，打破了过去因信息不通形成的对中国的刻板印象。国内外用户在这些话题下生产、发布、分享与中国相关的趣闻轶事，呈现出了一个多元、真实、包容的中国国家形象。

2. 呈现中国形象的平台语境

平台语境包括短视频平台和 TikTok 自身两个维度，二者是包含的关系。短视频平台发展在经历了爆发式增长后，现已逐渐进入平稳增长期。其中，国内版抖音和海外版抖音 TikTok 都凭借优质的内容、人性化的系统和便捷的剪辑功能赢得了用户的青睐。在分析 TikTok 塑造中国国家形象时，既要对 TikTok 进行深入分析，又要考虑整个短视频平台行业的发展趋势。

（1）短视频平台：百舸争流

在互联网领域，平台指的是计算机硬件或软件的操作环境。平台属于短视频得以呈现和传播的基层建设，是短视频存在的前提。在短视频平台上，用户能够完成拍摄、剪辑、发布、分享、互动等一系列行为。

2017年被称为短视频元年，是各大短视频平台百花齐放、百舸争流的一年。国内快手、抖音、美拍等短视频平台一次又一次刷新下载纪录，但也存在部分短视频平台为获取流量毫无底线，窃取用户信息、暴露用户隐私等。2021年，国家重拳出击整治文娱领域乱象，严格版权保护，强化平台主体责任，短视频平台行业管理取得了突出成效。抖音、快手等国内短视频平台在经过整治后，迸发出了新的活力和生机并走出了国门。

2022年后，短视频平台逐渐规范化，用户数量再创新高。中国互联网络信息中心（CNNIC）第54次《中国互联网络发展状况统计报告》显示，截至2024年6月，我国网民规模近11亿人（10.9967亿人），较2023年12月增长742万人，互联网普及率达78.0%。其中，短视频成为新增网民“触网”的重要应用，在新增网民中，娱乐社交需求最能激发网民上网，在该群体首次使用的互联网应用中，短视频应用占比达37.3%。

随着5G时代的到来和移动互联网的发展，短视频平台成为各个国家抢夺国际话语权的新战场。Youtube、Snapchat、X、TikTok等各个国家的短视频平台不断通过推出新功能、制造爆款视频、购买音乐版权等方式吸引用户进行下载，非短视频平台也在原有基础上增加了发布和分享短视频的功能，想在百舸争流的短视频平台赛道中分一杯羹。

TikTok作为中国出海的短视频平台，在走出国门的过程中困难重重。面对各种各样的质疑声，TikTok坚持内容为王，以优质内容吸引用户的关注，不断加强平台的管理，实现平台的更新升级，最终突出重围，在国内和国际市场占据了一席之地。

（2）TikTok：名列前茅

市场调查机构 Apptopia 公布的数据显示，在 2022 年全球应用下载量前十榜单中，TikTok 以 6.72 亿次下载量位居榜首。在激烈的国际短视频平台竞争之中，TikTok 凭借其独一无二的算法技术、优质化的内容呈现、人性化的操作系统赢得了用户的喜爱，在国际短视频平台中名列前茅。其中，TikTok 在美国的用户数从 2020 年的 1 亿已经上升至 2024 年的 1.7 亿，常年稳坐青少年最喜欢使用程序的头把交椅，也依旧是美国最受欢迎的短视频平台之一。

据统计，TikTok 曾多次登上美国、印度、德国、法国、日本、印尼和俄罗斯等地 AppStore 或 GooglePlay 总榜的首位。TikTok 在全球各地设有办公室，包括洛杉矶、纽约、伦敦、巴黎、柏林、迪拜、孟买、新加坡、雅加达、首尔和东京等。

TikTok 作为国际短视频平台，它的便捷性也是受到广泛欢迎的重要因素。较之国内版抖音平台，TikTok 的页面更加简化，符合海外用户的使用习惯。制作一条短视频一般需要分为三到四步：首先，通过 TikTok 个人页面的“+”键进入拍摄页面，上方标识了三种常用的拍摄时长，分别是“3 分钟、60 秒和 15 秒”，也可根据个人的需要自由设置拍摄时长；拍摄结束后，可在屏幕右侧选择表情、滤镜、特效等，进行简单的编辑；完成后可根据需要添加背景音乐、添加字幕等；最后可针对短视频内容进行简短的描述、封面的裁取和标签的选择，点击一键发布便可完成发布。观看视频时，也可以通过一键分享的按钮将有趣的视频分享给站内好友或海外用户常用的社交软件，包括 WhatsApp、Meta、X、Line 等。TikTok 的出现丰富了人际传播的形式，让传播变得视听化和动

感化，人际传播的趣味性得到了进一步增强，交流媒介的社会临场感获得了进一步提升。

随着5G时代的到来，短视频的平台建设正在不断完善。作为国际短视频平台的TikTok，跟随时代发展脚步不断进行系统优化升级。2022年10月，TikTok对平台的剪辑功能进行优化升级，为用户建立了一个更实用的剪辑系统，融合多种功能于一体。当前，在TikTok内可直接完成裁剪视频、编辑音频、设置画中画、调节视频播放速度、设置画面边框大小、添加音效等操作。国际短视频平台的竞争日趋激烈，TikTok凭借其不断优化升级的系统和趋向完善的功能，吸引了大批海内外人士成为该平台的忠实用户，持续增加用户黏性，提升用户使用该平台的体验感。

3. TikTok用户呈现中国形象的用户语境

TikTok每月拥有超过10亿的活跃用户。据统计，TikTok平台2022年第一季度的每月每户平均使用时长达到23.6小时，首次超越Alphabet旗下视频网站YouTube的23.2小时，意味着TikTok用户平均每日花47分钟在平台上。

TikTok时刻更新的内容，契合了用户的求知心理，用户愿意每天花大量的时间观看TikTok获取自己感兴趣的信息。其中，对中国感兴趣的海内外人士，通过观看TikTok平台上与中国相关的视频，也对中国产生了更加立体全面的认识。

对TikTok中国相关的视频进行分析发现，在点赞量前438个视频中，发布者既有中国用户，也有海外用户。根据用户已发布视频、文字简介、头像等进行综合判断，中国用户共计302个，海外用户共计101个，其余35名用户无法根据已有信息判断国籍。

不同国家用户由于自己成长背景、教育经历、生活经验的不同，他们镜头下的中国也有所不同。中国人作为本土用户，更多地是从“自我”的角度呈现中国国家形象，让其他用户深入、全面地了解中国的思想观念、文化韵味和历史古迹；海外用户更多地是从“他者”的角度切入，以一个旁观者的视角走近中国，让其他用户看到一个客观、真实的中国国家形象。

（1）他者：关注具象的文化符号

在表达方式上，海外用户更注重趣味性。不同于官方宣传的口吻，海外用户在短视频的用词用语更加接地气，他们常常将自己置身于某一特定的中国场景之中，通过与中国人的沟通交流，体验中国人的生活方式，感受中国文化的熏陶，表达自己真实的感受。海外用户在拍摄和制作视频时，会通过与镜头互动的方式表达自己的情绪和感受，偶尔还会在视频中做出夸张的行为举止、各种各样的表情以及发自肺腑的感慨，拉近与观看用户之间的距离。2024 年，外国博主“保保熊”来中国旅游，他和妹妹聊天时总会用魔性的语调问一句“city 不 city 啊”，比如：“上海 city 不 city？”“好 city 啊！”，因为声音过于魔性洗脑，“city 不 city 啊”成了不少人争相模仿的对象。海外用户通过趣味性的表达，呈现了一个客观真实的中国国家形象。

在题材选择上，海外用户更倾向于选择中国具象的文化符号，例如中国美食、中国服饰、中国熊猫等。海外用户对中国的了解更多来自网络世界，具象的文化元素更能够引发其他用户的共鸣。中国美食在世界享有盛名，海外用户从美食的制作到品尝，都让其他用户感受到了中国的智慧。

中国并非一座“孤岛”。在海外用户眼中，中国虽然是“他者”，但通过了解海外用户眼中的中国国家形象，可以影响自身国家的文化建构过程。

（2）自我：聚焦抽象的文化内涵

在 TikTok 平台发布与中国相关的视频用户中，超过七成是中国留学生的身份。他们在海外留学时，看到了外国人对于中国的刻板印象和固有成见，就以拍摄和发布短视频的方式，树立“自我言说”的主体意识，从而帮助呈现一个真实、全面、立体的中国国家形象。不同于海外用户，中国用户从小在中国文化环境中熏陶，对中国文化的理解和认知更为全面，因此，中国用户在国际短视频平台传播中国声音尤为重要。

在表达方式上，中国用户更注重讲道理、摆事实。部分中国用户会针对某一具体事件，先对事件进行简单的描述和说明，再引用海外用户对该事件的看法，最后通过讲事实的方法将事情的真相进行还原，从而打破海外用户对中国的成见。

在题材选择上，中国用户更倾向于选择具有丰富文化底蕴的主题，如中国习俗、中国传统工艺、中国功夫等。在呈现此类视频中，中国用户往往配以解说，通过精美的画面吸引用户的关注，再将其中蕴含的中国文化进行层层拆解，让海外用户透过视频看到中国文化的博大精深、源远流长。

（五）中国国家形象的视觉修辞文本

短视频具有短小精悍、内涵丰富的特点。在 TikTok 平台上，用户每天会上传成千上万条短视频，抢占注意力资源就成为重中之重，而且中国话题下的视频，其观看量一路攀升。据统计，从 2022 年 4 月到 2022 年 12 月，#china 的观看量从 341 亿人次上升到了 534 亿人次；#chinese 的观看量从 154 亿人次上升到了 240 亿人次。与中国相关的视频之所以能够在 TikTok 平台上产生持续的吸引力，除了中国文化本身的魅力外，还需要发布者在视频中展现丰富的视听元素，吸引用户的眼球。

在短视频作品中，视觉元素和听觉元素占据同等重要的位置。TikTok 对中国国家形象的呈现会根据视频的具体内容选择不同的画面呈现方式，巧妙添加字幕，利用多种镜头语言参与叙事以及搭配合适的背景音乐等。丰富的视听元素相结合，让用户能够在最短的时间内接收到尽可能多的信息。

1. 画面呈现：横竖搭配呈现个性鲜明的国民形象

硬件设备的规格导致越来越多的视频开始采用竖屏方式，相比横屏视频，竖屏视频更加注重对特定对象的呈现，通过简单直观的场面放大细节，带动手机用户的情绪。竖屏的画面呈现突出了人物的表情和动作，能够让手机用户将注意力集中在人物本身，通过对人物的观察提取重点信息，从而达到更好地呈现中国国家形象、提升中国国际影响力的目的。国际短视频平台 TikTok 所呈现的中国国家形象视频中，选择“竖屏”方式呈现的共 377 个，占总数的 86.1%；选择“横屏”方式呈现的相对较少，仅 61 个。虽然短视频平台以“竖屏”呈现为主，但在特定情境中，横屏视频仍发挥着不可替代的作用。

国家是由国民组成的，国民形象是国家形象的有机组成部分，从这个意义上说，全体国民自然也就成为国家形象塑造与传播的主体。在评价国家形象时，除对反映一国政治、经济、社会、文化等方面的历史和

现实信息进行选择性记忆并作出认定与评价外，公众还关注有关一国国民的相关信息。国民形象是公民素质、行为、道德、理念和精神追求的抽象整合，它直接或间接地影响着民风社风和社会环境的优劣，影响着国家文明形象的好坏。

在国际短视频平台 TikTok 上，中国人作为画面主体的视频占比超七成，其中，通过竖屏呈现“中国人”国民形象的视频占比超八成，通过横屏呈现“中国人”国民形象的视频占比不到两成。在对中国国民形象的呈现上，竖屏侧重于展现性格不一的个体形象，而横屏则是借助剧情塑造人物群像。画幅比的选择，取决于影像内容在何种场景与何种媒介播放。纵向的视频立足当下满足的视觉需求，能够帮助观看者在有限时间内抓住视频的重点或者戏剧冲突，形成鲜明直白和快节奏的图像叙述方式，因而更适合于展现性格不一的个体形象；而横向的视频则更追求画面视觉效果的表达，涵盖的视觉内容更丰富，塑造了情感丰富的人物群像。

（1）竖屏：展现性格不一的个体形象

在 TikTok 对国民形象的呈现上，竖屏的画面呈现形式更能展现性格不一的个体形象。对观看者来说，屏幕的狭窄结构更利于信息主体的显著性增强，竖屏的图文排列给予了主体内容更多的表现空间，层次分明、重点突出，从而可以达到更好的传播效果。

中国人是幽默的、风趣的。在 TikTok 平台上，中国女生 @gegethejing 拥有 120 多万的粉丝数量，很多视频都是通过一人分饰两角的方式分享她的生活。在视频中，@gegethejing 身份多变，一会儿是不受管教的女儿，一会儿是事事操心的母亲，通过夸张的语气、神态和动作

展现了一个个有趣的故事。@gegethejing 的视频均是通过竖屏的方式进行呈现，放大了人物的性格特征，展现了中国人幽默风趣的一面。中国女生 @francine.ng 在 TikTok 平台拥有超过 80 万粉丝，也是通过一人分饰两角的方式进行视频的呈现的。不同于 @gegethejing，她的视频侧重于分享中国与美国的差异。她通过扮演美国餐厅服务员和中国餐厅服务员，展现了中国餐厅点餐快、准、狠的特点，而美国餐厅服务员则会主动进行菜品推荐。在视频中，@francine.ng 拿捏了中国服务员的特色，会把笔放在耳朵上，更方便点餐的时候进行记录，而这一细节通过竖屏画面的呈现进行了放大，从而增添了视频的趣味性，展现出了中国人幽默、风趣的一面。

中国人是乐观的、向上的。在 TikTok 平台上，根据画面内容情绪进行划分，正向性视频占比超八成，占据绝对性优势，视频内容主要分为“技能展示”和“分享生活”。中国人在国际短视频平台上积极分享自己的生活感悟、家庭成员以及趣味故事，展现了中国人丰富多彩的生活。除此之外，中国人还喜欢分享自己的爱好，包括唱歌、跳舞、烹饪、武术等，其中，分享唱歌的视频最多，且均以竖屏的方式进行呈现。无论是直接面对镜头讲述自己的生活经历，还是分享自己的所见所闻和兴趣爱好，都展现了中国人热爱生活的一面。竖屏的画面呈现方式以人为中心主体，拉近了人与人之间的距离，激发了观众的情感共鸣，呈现了中国人乐观、向上的一面。

（2）横屏：塑造情感丰富的人物群像

“人物群像”是指在文艺作品里描绘与体现出一群人的形象，从而更突出地表达创作主题。TikTok 在对国民形象的呈现上，横屏较之竖屏所呈现的视野更开阔、纵深感更强，能呈现多个维度的画面且空间层次感丰富。因此，在TikTok平台上，横屏多集中于对人物群像的呈现，通过人与人之间的交流与互动，展现人物情感丰富的一面。

研究发现，在通过横屏展现中国人国民形象的视频中，有剧情的影视剧截取或自主拍摄的短片占多数，其中，以爱情为主题的视频占比近八成。短片中普遍包含两个或两个以上的角色，以男女主爱情故事为主线，通过两个人相互关心的细节展现人物丰富的内心情感。除男女主外，配角的助攻、刁难、吃瓜也在短片中通过表情的特写进行呈现，进而塑造情感丰富的人物群像。例如@worldasiatico发布了一段中国影视剧截取的片段：男主角触碰到女主角的一瞬间产生了奇妙的心电感应，表情从惊讶转变为开心，再到女配角出现，男主迅速变得紧张不安；女主角则是从期待男主角发现自己身份再到被发现后的紧张忐忑，以及女配角出现后的胆怯，其间发生了多次心理状态的转变；而通过面部表情的变化可以作出判断，女配角虽然只出现了短暂的两秒钟的时间，却完整表现出了委曲求全的心情。在这段短片中，男主角、女主角、女配角虽然没有一句台词，但通过不同的表情、行为清晰地展现了三人的人物关系。横屏呈现出了多个维度的画面，从而塑造了情感丰富的人物群像。这一短视频在TikTok平台上收获了130万个点赞量，评论区中纷纷向创作者询问这是什么电视剧，作者贴出的电视剧具体信息也收获了超3000个点赞量，通过精彩片段的展现吸引了用户观看中国电视剧，达到了传播中国影视文化的目的。

（3）景别选择：多样化呈现丰富多元文化形象

景别是视觉语言的基本表达方式。在所有景别中，将近景作为主要景别的占比最多（近四成），其次分别是中景、特写、全景和远景。不同景别与再现的内容结合在一起构成各自不同的形式，带给用户不同的感受，从而产生不同的意识、情感和理解。国家文化形象是不同主体运用多样化方式，集中展现国家文化风貌的过程。由于主体的知识水平、审美取向、思维方式不同，不同主体呈现的文化样貌也不尽相同，具有较强的主观意识。在 TikTok 平台上，中国文化形象的呈现主体既有中国人也有外国人，由于他们文化背景、认知水平、思维方式的不同，呈现出的中国文化形象也有所差异。

研究发现，在 TikTok 平台与中国相关的视频中，呈现中国文化形象的视频占比超六成，具有绝对优势。其中，美食文化和服饰文化是最受欢迎的两个领域，中国用户和外国用户通过不同的镜头语言呈现了各自眼中的中国文化形象。

（4）特写：传播别具一格的美食文化

美食文化作为国家或地区的象征符号，常常发挥着涵化作用。较之宏大的叙事主题和宣传口号，食物的接近性、文化性和亲和力更能够在潜移默化的生活中影响人们的理念、态度和价值观。

TikTok 平台上以构建中国文化形象为主的视频中，内容为传播和分享中国美食的内容平均点赞量达到 90 万以上，广受平台用户的喜爱。除了中国美食本身的吸引力外，创作者的拍摄角度和景别也对呈现美食产生了重要的影响，其中景别为“特写”的视频占比超五成。

特写镜头对拍摄主体细节刻画极致，具有极强表意功能，给人以体察入微的感觉。TikTok 平台在呈现中国美食时采用了大量的特写镜头。比如，美食博主 @nick.digiovanni 分享的中国美食视频中，从原材料的选

择、处理以及最后菜品制作完成都会通过特写镜头向用户进行全方位展示，特写镜头的使用拉近了用户与被摄对象的距离，增强了用户的代入感，提升了美食的质感，从而让用户更好地对一道道中国美食的诞生有了一个全面的了解，并从中感受到了中国别具一格的美食文化。

@kidbehindacamerahere也将特写作为呈现中国美食主要采用的镜头。视频中，食堂阿姨将不同菜品一勺又一勺地装入纸盒中，特写镜头展示了色泽饱满、丰富且量大的中国菜。对此，外国人不禁发出惊叹，“多少人能吃完这么多美食”，这也体现出中外文化差异——外国人追求量少而精致，中国人则追求量大而丰富。创作者通过特写镜头放大了中国菜品的细节，吸引了用户的眼球，该视频在 TikTok 平台上获得了 490 万的点赞量，视频热度达 108.89。

创作者通过特写镜头展现中国美食的色、香、味，以食为“媒”将最贴近大众生活和极具民族特色的美食以短视频的方式呈现在海内外的用户眼前，传播了别具一格的中国美食文化。

（5）全景：凸显融合创新的服饰文化

“中国有礼仪之大，故称夏；有章服之美，谓之华。”自古以来，中国就有“衣冠上国，礼仪之邦”的美誉。中国在世界服饰史上占有重要地位，并以特有的古老与丰富去影响着世界服饰，特别是对东亚世界的日本、韩国、越南等国家产生影响。近年来，随着短视频平台的兴起和国际化交流的不断增加，中国服饰对世界的影响将更为深远。TikTok 平台上呈现中国文化形象的视频中，以服饰文化为主题的视频数量仅次于美食视频，其中七成视频选择了全景的景别。

TikTok 平台上拍摄中国服饰相关视频时，主要采用的是全景镜头。

全景既可以清晰、具体地展现被摄主体的全貌，又可以较好地介绍主体所处的环境，是叙事信息比较丰富的景别镜头。服饰强调整体性，旗袍和汉服作为最常出现的中国服饰元素，运用全景一方面能够增加用户的临场感，仿佛身着中国传统服饰的人正向着自己迎面走来；另一方面能够拍摄完整的中国服饰，能够以最直观的方式展现服饰上身的效果，例如汉服、旗袍结合中国女性本身的气质后更能凸显服装的韵味。用户 @jaehxr 发布了一条中国服饰的合集视频，既包含外国人穿中国传统服饰，又有中国人穿中国传统服饰，显示了中国服饰的包容性，并通过增加现代的元素赋予了中国传统服饰新的意义，将传统服饰穿出了时尚感。用户 @aponamell 发布了一段中国男性身着汉服的视频，整个视频全部采用全景镜头，既符合用户的视觉习惯，又能保持画面的稳定性。视频中，现代男装和古装服饰碰撞出了融合创新的火花，展现出了中国传统服饰历久弥新的魅力。

构建底蕴丰富、创新发展、兼容并蓄的文化形象是新时代中国国家文化形象的主要定位，因此我们要把具有传统性和时代性的文化元素植入国家文化形象中，向世界展示以“中国精神、中国气派、中国风格”为核心、传统与当代相兼容的国家文化形象。

2. 字幕设置：各色字幕呈现不同风格的社会形象

TikTok 作为国际短视频平台，面对的是不同国家的用户。在呈现中国形象时，由于海外用户并不具备中国传统文化知识储备，除了具象化的图像外，还需要配合文字进行说明，才能帮助用户更好地理解视频内容，从而在脑海中形成一个较为完整的中国形象。实现不同文化互通、促进不同文明互鉴，不仅要让受众听得见，更要让大家看得懂。

字幕作为语言文字符号，具有补充画面与有声语言信息的功效，是传播符号系统中不可或缺的组成部分。TikTok 平台添加字幕的视频占总视频数的近八成。其中，使用白色字幕的视频占比超七成；黑色字幕位居第二，占比 26.1%。在同一个视频当中，有时不止使用一个颜色的字幕，最多可能会出现三种不同颜色的字幕。

社会形象是一个国家在一个发展阶段的总体形象，集中体现了一个国家人民的生活状况。在 TikTok 平台上，呈现中国社会形象的视频内容从人民的生活再到社会整体的氛围，呈现了一个和谐、蓬勃的社会形象。研究发现，在 TikTok 呈现中国社会形象的视频中，设置了字幕的视频占比超八成，选择单色字幕的占绝对多数。不同字幕颜色给人以不同的心理感受，单色字幕均是黑色或者白色，奠定了勤奋努力的社会基调；多色字幕则包括两种及以上的颜色，让画面在变得更加丰富的同时，也渲染了安居乐业的社会氛围。

（1）单色：奠定勤奋努力的社会基调

在国际短视频平台 TikTok 上呈现中国社会形象时，大家除了拍摄人民安居乐业、生活富足的视觉画面外，不会辅以黑色或者白色的单色字幕，这更能突出视频的真实性和严肃性。黑白字幕是两个最简单的颜色，同时也是两个最纯粹的语言，二者多用于新闻报道之中。在短视频中采用黑或白的单色，一方面配合视频的画面，强化了视频的真实性和可信度；另一方面引导用户将关注点集中于视频内容本身，排除了画面元素过杂的干扰。近年来，中国不断提升自身实力，中国人民勤奋努力，奠定了社会的整体基调是蓬勃发展、积极向上的。然而，海外用户对中国的偏见尚未完全消除，需要中国提升国际影响力，让更多人了解中国当前的真实情况。

中国女生 @itsyiyun 分享了一段介绍中国的说唱，她驳斥了其他国家认为新冠病毒来自中国的偏见，述说了中国社会的欣欣向荣、人民勤奋努力，没有任何国家可以阻止中国的快速发展，中国女生以“TikTokismadeinChina”作为视频结尾，展现了中国的实力。视频中，她仅使用了白色这一种颜色的字体，增加了视频的可信度，引导用户将重点放在她的话语当中，从而认识到中国的真实面貌。用户 @jinenie 在 TikTok 平台上发布了一段视频，通过地铁这一公共场所展现了中国社会的一角。地铁上，勤奋努力的中国学生仍然在坚持认真读书，最后睡着并倚靠在了陌生人的肩膀上。该视频还对比了中国与英国地铁的不同氛围，英国人在地铁上彼此冷漠，更凸显了中国人与人之间睦邻友好的社会氛围。视频中仅使用了黑色一种字体，在点明标题的同时，与中国勤奋努力的基调相符合。该视频获得了 900 万次的点赞，评论区对中国人的友爱氛围表示了肯定，也对中国勤奋努力的整体基调表达了钦佩之情。

（2）多色：渲染安居乐业的社会氛围

在 TikTok 平台上，字幕除具有“解释补充”的功能外，也是内容策划的视觉表达。在呈现社会形象时，采用不同颜色的字，能够提升用户的视觉观感，渲染中国安居乐业的社会氛围。

用户 @Rii_taa 在 TikTok 平台分享了一段趣味性的视频，获得了超过 70 万的点赞。视频中，一位顾客本来只是去超市里买东西，但是不小心捡起了一个铁棒，店员又假扮成被绑架的样子，警察破门而入，这位顾客立刻放下武器向警察敬礼。虽然这是一段搞笑幽默的视频，但侧面反映了中国警察总是在人民群众面对困难时挺身而出，中国的治安环境良

好，人民安居乐业。视频中，用户添加了两种不同颜色的字体，分别是白色和紫色。白色字体用于标题当中，让观看短视频的其他用户一目了然了解到视频的主要内容；紫色字体则出现在视频的高潮部分，顾客发现“被恶作剧了”，茫然的眼神配合紫色字体的出现，更给人以较强的视觉冲击力。视频中，尽管顾客发现被“恶作剧”了，但仍然配合了这次“演出”。当警察到来时，并没有忙着解释自己的处境，而是第一时间向警察致以敬意，然后迈着大阔步离开了这家超市。多色字幕符合该视频的整体调性，同时渲染了中国安居乐业的社会氛围。

（六）短视频平台呈现中国国家形象的视觉修辞方式

修辞，是对叙述的技术化、艺术化表达，是效果制造的具体运用策略。因此，每一种修辞手法的使用都是基于某种意图的需要，视觉修辞也不例外。在大多数情况下，视觉修辞多数修辞格的运用也并不像表面所呈现出来的是对某个视觉成分的照应，而是对特定“中心意向”的突出和强调。

在 TikTok 呈现中国国家形象的视频中，运用了隐喻、转喻、对比等多样化的修辞方式，创作者通过修辞赋予短视频更深刻的意义和内涵，提升了用户的体验。例如，在展现中国家庭的氛围时，从“家国同构”的理念出发，隐喻了整个国家的和谐状态；在介绍中国美食的过程中，将母爱与相思之情寄托其中，隐喻中国人细腻的感情和智慧；在凸显中国人热爱生活、积极向上的一面时，隐喻了国家蒸蒸日上、蓬勃发展的态势。而在这些视频下的评论中，正向性评价占比超六成，“喜欢”“最好”和“可爱”是评论中最常出现的高频形容词。从评论的倾向和评论的高频词可看出，用户对 TikTok 平台呈现的中国国家形象视频持积极的态度。

1. 视觉隐喻：呈现和谐包容、自信强大的中国形象

人类思维方式存在一种普遍的共性，即在复杂的关系结构中尝试寻找意义，隐喻这一修辞格式可以起到反映这种关系的作用，即将一种事物理解成为另一事物，它强调的是用一种认知体系或概念系统来代替另一种认知体系或概念系统。在国际短视频平台 TikTok 对中国国家形象的呈现中，通过“隐喻”的修辞手法赋予了画面元素另一层隐藏意义，升华了短视频的主题。

（1）轻松愉悦的家庭氛围隐喻中国的和谐

在视觉隐喻中，本体通常是在场的，而喻体则往往处于“离场”状态。国际短视频平台 TikTok 无法通过视频直接表现中国的和谐氛围，但能够通过一个个中国家庭轻松愉悦的相处日常来展现国家的整体风貌，将“家”隐喻为“国”，从而实现家国一体的视觉同构。

在国际短视频平台 TikTok 上发布的以中国家庭为主要内容的视频有一个共同的特性：从自己的家庭出发，记录中国家庭的真实相处日常。@suuhleena 分享了她在打游戏时，母亲叫她先停一会儿把饭吃了的事情，评论区许多人产生了共鸣，表示自己吃饭时父母也是如此。最后的反转是母亲为了让女儿安心吃饭，自己帮忙打起了游戏，评论区留言都认为中国家庭的相处模式十分有趣。在呈现中国家庭的视频当中，频繁地出现“笑容”“点头”等积极的情绪反馈，营造了轻松愉悦的家庭氛围。中国轻松愉悦的家庭氛围还体现在孩子与父母之间平等的对话上：父母可以给孩子提要求，让孩子削好水果再吃，帮忙洗碗；孩子也可以

向父母提出写中文，唱中文歌等要求，双方都是积极配合的态度，从而形成了良性的互动关系。

一个国家是由一个个小家庭组合而成的，家庭的和谐隐喻了国家的和谐。TikTok 所呈现的中国家庭展现了父母之间的良好关系，不仅表现了父母与孩子之间的平等关系，而且诠释了家庭关系的方方面面，无形之中构建了一个和谐的中国国家形象。

（2）不拘一格的时尚态度隐喻中国的自信

服装作为视觉元素，一定程度上代表着一个国家的形象，传达着民族国际化的符号特征。借助服装符号诠释国家形象，说明国家形象是依赖具象信息而被赋予和建构的。服装、着装者、受众、媒体等各方面都主动或被动地参与了国家形象的构建，成为国家形象构建的关键要素。

在 TikTok 平台上频频出现的以中国服饰为元素的视频中，不乏通过时尚街拍来展现的视频。其中，点赞量最高的视频是由用户 @elly.xia 发布的一段中国人身着传统服饰行走在现代街头的合集，展示了传统文化与现代元素的交融碰撞。身着传统服饰的年轻人，无论是他们的表情还是动作，都展现出对自己身着服饰的认可，当他们发现镜头时也会非常自信地打招呼。年轻人喜好穿传统服饰，不仅赋予了中国传统服饰新的时代意义，更表现了他们不拘一格的时尚态度。

在与中国服饰相关的视频中，最常出现的服饰元素是中国的旗袍。旗袍在中国已经有上百年的历史，至今依旧被广大女性所喜爱。旗袍集满、汉文化于一身，被誉为中华服饰文化的代表，是一种内与外和谐统一的典型民族服装。在外国知名品牌中，也会使用旗袍的元素，更显现出中国旗袍的影响力。@ckalaam 是一个中国女孩，她在视频中向大家表

达自己对旗袍的喜爱，并展示了自己拥有的两件旗袍，告诉大家这是中国非常时尚的传统服饰，并在视频中多次提到“文化是需要分享的”。创作者在视频中不仅仅是简单地介绍一身中国传统服饰，还展现了她的时尚态度和对文化的理解，在展示中国旗袍的同时也传播了一种文化观和价值观。

在全球化语境中，应倡导文明间协商对话，增进各方面协调沟通，使古今中外形形色色的文化，在促进人类历史不断向前发展的进程中发挥各自特有的功能。TikTok 平台上中国年轻人所展示出的对旗袍的喜爱，如将其作为日常的穿搭，展现了中国人不拘一格的时尚态度，隐喻了中国人对于传统服饰的文化自信。

2. 视觉转喻：呈现历史悠久、蒸蒸日上的中国形象

视觉转喻的关键是图像指代。当某种抽象的概念难以通过视觉呈现时，就需要另一种事物进行替换。中国国家形象属于一个抽象的概念，无法通过视觉进行完整的传达，但可以通过不同的转喻意象呈现，如“中国人”“国旗”“熊猫”“旗袍”“中文”“非遗”等元素都能转喻中国国家形象。

TikTok 平台上所发布的有关中国的视频中，包含了中国人、中国话、中文、中国美食、中国影视剧、中国服饰、中国功夫、中国时尚、中国非遗等多种元素，几乎涵盖了中国文化的方方面面，通过视觉转喻的方式构建出了一个丰满的、立体的、多元的中国形象。

（1）积极上进的“中国人”转喻蒸蒸日上的中国

“中国人”是 TikTok 塑造中国国家形象中最重要的元素之一。在 TikTok 平台上，有中国人出现的视频可以分为展示技能和分享生活两个

类别。技能展现方面的视频包括唱歌、跳舞、做饭、盘发、打拳等，生活分享则包括搞笑日常分享、中国习俗分享、时尚分享等。

中国人在国际短视频平台 TikTok 上公开展示自己的技能，除展现出中国人的自信和全面发展外，也构建了中国的国家形象。例如用户在 TikTok 平台上分享中国武术，这是一个含有民族自尊的文化符号，在某种程度上起到了改变“东亚病夫”中国形象的作用，承担着建塑中国人身躯品性的重任。用户 @chinesekung.fu 在 TikTok 上分享了大量关于自己日常学习中国武术的视频，展现出中国人积极上进的一面。在他发布的视频中，除了中国武术外，还包括中国的习俗和文化，让观看者在感叹中国武术的强大之时，也在潜移默化中学习了中国的传统文化。他点赞量最高的一条短视频，在展示完中国武术后，还分享了师徒三人倒茶的场景并配以文字“规矩言传身教”，该视频在 TikTok 平台上获得了 170 万点赞，达到了良好的传播效果。

无论是技能展示，还是生活分享，这类视频都展现出中国人当前安居乐业、阖家幸福的生活状态。中国人乐于将自己的生活和爱好分享至国际短视频平台，可向海外人士展示中国蒸蒸日上的国家形象。

（2）源远流长的“中国话”转喻历史悠久的中国

国家形象的传播不仅是政治性的、经济性的，也是语言性的。中国话是最具代表性的中国元素，拥有上千年的发展历史。在 TikTok 上，有关“中国话”的视频可以分为两类，一类是外国人讲中国话，另一类则是中国人讲中国话。其中，外国人讲中国话的视频略高于中国人讲中国话。

较之中国人讲中国话，外国人主动学习中国话更能体现外国人对中国的关注和喜爱。在 TikTok 平台上，有两位海外网红通过不同方式来塑造中国的国家形象。用户 @xiaomanyc 说着一口流利的中国话，他记录了自己在中国生活期间，突然讲中国话时身边人惊讶的反应。@xiaomanyc 在视频中提到了中国特有的“讲价”文化，评论区纷纷表示喜欢这种有趣的买卖方式。而 @xiaomanyc 也因为会说中文，得到了摊主的肯定和赞赏，摊主表示可以由 @xiaomanyc 来定价，这展现出了中国人的热情与豁达。

中国话作为中国语言的基础，从发音到具体的使用语境都值得反复揣摩。无论是真实的场景展现，还是模拟的情景，TikTok 平台出现的“外国人讲中国话”的视频都将喜欢中国话的外国人代入了一个具体的语境当中，从而更好地帮助他们了解中国话的使用场景，并为之呈现一个历史悠久、文化博大精深的中国形象。

（3）精致美味的“中国美食”转喻充满智慧的中国

饮食直接作用于人的身体，而身体是人类自我认同中最重要的组成部分。TikTok 平台上的美食视频，可以看作是以中国特有的美食文化调动海内外人士对中国的想象和认同，从而借由身体形成一个关于中国的“想象的共同体”。

TikTok 平台上的中国美食视频大致可以分为“制作美食”和“展示美食”两类。其中，外国人制作中国美食的视频数量多于中国人制作中国美食的视频数量，可见，外国人对中国美食的喜爱已不仅仅是“品尝”，而是能够尝试着做出中国美食。@nick.digiovanni 是一位美食分享博主，在 TikTok 平台拥有近千万粉丝。视频中，他分享了糖醋鱼、干脆面、左宗棠鸡、豆瓣酱、糖葫芦等中国美食的制作方法，从原始材料

的介绍到调味料的选择，再到成品的展示，都通过视频在世界范围内传播。视频最后，@nick.digiovanni 品尝过做好的美食后展露出满意的表情，向观众传达了菜品的美味。

视频中的中国美食除了色香味美外，还承载了人们对家乡的记忆和对亲人的爱。@bruhitsjessicaa 是一位外国妻子，她的丈夫是中国人。她在丈夫生日时，为丈夫制作了一道中国美食——卤肉饭。丈夫表示，看到卤肉饭的时候就想起了自己的母亲和家乡，吃着吃着就流下了眼泪。

视频中的中国美食呈现出了精致美味、富有内涵的特点。同样是简单的食材，中国人却能够通过煮、蒸、烧、炖、烤、烹、煎等不同的制作方法呈现出不一样的美味，具象化的美食转喻了中国是一个充满智慧的国家。

3. 对比修辞：呈现底蕴深厚、人文荟萃的中国形象

对比是把具有明显差异或矛盾的对立双方安排在一起，进行对照的表现手法。在短视频中使用对比修辞，能够更加鲜明地突出被表现对象的本质特征，且更有艺术性和感染力。TikTok 平台与中国相关的视频中，“文化差异类”视频不在少数，这类视频通过对比中国与其他国家在语言、文化、审美、艺术、思维方式等方面的差异，凸显了中国悠久的历史以及深厚的文化底蕴。

（1）艺术对比彰显中国的深厚底蕴

在 TikTok 平台发布的与中国相关的视频中，用户常常将中国与其他国家进行对比，趣味性的表现形式往往能够获得较高的关注度。

@edwenchehade1 发布了一段美国人挑衅中国人进行说唱比赛的视频，视频中将说唱的美国人塑造得非常时髦，而中国人则打扮朴素，制

造了一种形象上的差距。然而，面对美国人的挑衅，中国人毫不示弱，放下锄头展示了一段极具中国特色的京剧表演，独特的唱腔让美国人一时之间不知如何回击。这段京剧讲述的是《铡美案》中苦情虚拟人物秦香莲的故事，在民间广为流传。京剧是中华传统文化的重要表现形式，其中的多种艺术元素被用作中国传统文化的象征符号。

该视频通过对比修辞的方法旨在说明两个问题：一是中国人骨子里的文化自信，面对美国人的挑衅毫不畏惧；二是中国的文化源远流长且富有深厚的历史底蕴，较之说唱，历史更加久远。美国有独特的说唱，中国也有独一无二的京剧。说唱的节奏感、新鲜的填词在年轻人群体中掀起了一波又一波的风潮，而京剧则凭借深厚的文化底蕴、细腻的情感表达在时代发展中不断迸发出新的生命力。

（2）习俗对比体现中国人文荟萃

在 TikTok 平台上，用户常常将中国的习俗与其他国家的习俗进行对比，强烈的冲突感往往会引起用户的兴趣。用户 @mandarinkyle 在 TikTok 平台上发布了一段面对不同情境，中国人和外国人不同表达方式的视频——外国人往往简单直接，而中国人的表达则更为含蓄、内敛。他提到，中国人在招待客人时不会只说一句“请坐”，而是会热情地说“你先坐吧”“坐坐坐坐坐坐坐”；在电话结束时，中国人也不会简单地以一句“再见”作为结束语，而是双方都会礼貌地等待对方先挂电话。中国素来有礼仪之邦的美称，在与人交往之中尤为重视礼节。@mandarinkyle 在凸显中国人的热情时，还加上了必要的手势和中国话特有的语调，更能够展现出中国习俗的特点。@mandarinkyle 是美国人，他的视频从“他塑”的视角出发，呈现出了一个礼仪之邦的大国形象。在视

频中，他并不是单纯地讲美国或者是中国的习俗，而是通过对比修辞的方式展现了两个国家习俗的差异。

@mandarinkyle 还在 TikTok 上分享了大量与中国相关的视频，包括对中国话的学习、对中国习俗的分享以及对中国旅游胜地的介绍等。在视频分享中，他最常用的修辞便是对比修辞，通过对比中国人和外国人语言表达的不同、习俗文化的不同以及思维模式的不同，让更多海外人士认识到中国最真实的样子，看到中国的人文荟萃。

（七）短视频平台呈现中国国家形象的视觉修辞优化策略

随着时代发展脚步的不断加快，国际形势也正在发生深刻而复杂的变化。不同时期，中国的对外传播目标也有所不同。党的二十大报告中提出，“讲好中国故事、传播好中国声音，展现可信、可爱、可敬的中国形象，推动中华文化更好走向世界”，进一步指明了我国国际传播的发展方向，确定了现阶段对外发展的重要目标。国际短视频平台 TikTok 在呈现中国国家形象方面契合了对外发展目标，但仍需要不断优化平台内容，提升短视频平台的国际影响力；跨越文化语境障碍，打造世界共通的话语空间；加强视觉修辞的实际应用，让视听内容丰富用户体验，为其他短视频平台更好地呈现可信、可爱、可敬的中国国家形象提供了具体的视觉修辞优化策略。

1. 不断优化平台内容，提升短视频平台国际影响力

相较于其他短视频平台，TikTok 给每一位用户提供了平等的发展机会，这也是 TikTok 受到海内外用户欢迎的重要原因之一。每一位注册成为 TikTok 的用户在平台上都是平等的，只要能够创作出优质内容，就有

机会获得更多的流量和关注。而TikTok若想进一步提升国际影响力，一是需要不断优化平台内容，鼓励用户持续创作优质内容；二是立足中国传统文化，借助短视频平台扩大文化传播范围。

（1）提供平等发展机会，鼓励用户创作优质内容

TikTok平台一以贯之的基本理念是：用户只要有一点创造力和创意，就可以在关注者排行榜上一路向前发展。总之，TikTok不把用户的影响力放在第一位，而是给予每个用户同等的机会，只要内容足够有趣，每个人都可以在一夜之间从“草根”变成网红。这一理念对新用户十分友好，鼓励着用户不断发挥创意生产高质量的短视频。

从与中国相关的视频来看，排名靠前的视频当中既有注册时间长达五年的资深用户，也有初出茅庐注册时间在几个月到一年之间不等的新用户。新用户的加入不断为TikTok平台注入新鲜血液，有的用户乐于分享自己在中国的有趣经历，也有用户乐于展示自己在中国学会的特殊技能。

5G时代，短视频仍然是不可替代的传播方式。短视频平台竞争日渐激烈，国际短视频平台TikTok仍保持稳定的下载量，其原因在于TikTok在不断进行系统优化升级的同时，将更多关注点放在了内容的呈现上。TikTok通过设立创作者基金的方式，鼓励更多用户创作精品视频，吸引更多用户观看，同时提高平台的影响力，从而形成良性循环。因此，其他短视频平台在追求形式的同时仍要倡导“内容为王”，通过提供平等发展机会的方式，鼓励海内外用户创作更多优质内容，提升平台国际影响力。

（2）立足中国传统文化本身，鼓励创作议题多元化

中国传统文化是提升中国国际传播能力、构建中国国家形象的根本

动力与基底。当前国际形势正在发生复杂深刻的变化，深入挖掘中国传统文化的精神价值内涵，既是中国呈现良好国家形象的内在要求，也是重构文化自信，使中国传统文化在“走出去”的实践过程中焕发新生命力的迫切需要。

文化是国家的“无形资产”和软实力，是一个国家和民族形象的体现。作为颇具中国文化色彩的李子柒故事在海外收获了播放量和口碑的双重成功，在国际短视频 TikTok 平台上中国文化也是最受欢迎的视频内容。李子柒的拍摄主题包括中国传统美食和传统手工艺两个方面，而在 TikTok 平台上用户的创作类型则更加多元，包括中国美食、中国工艺、中国服饰、中国音乐、中国影视剧等。用户可以根据自己的喜好在 TikTok 平台上找到感兴趣的领域，在潜移默化中认识、学习、认同中国传统文化。

在 TikTok 平台上，一部分用户爱好传播中国话和中国汉字，通过情景打造、角色扮演、才艺表演等各种方式帮助海外用户进行学习。不少海外用户在 TikTok 平台上分享自己学习中国话的日常，互不认识的网友因为都喜欢说中国话彼此鼓励、共同进步，促进了中国文化的传播。而另一部分用户则乐于分享中外文化差异相关的视频，通过夸张、对比的方式表现中国传统文化和其他文化的差异，趣味性的表达方式将中国传统文化变得更加“接地气”，海外用户也在对比的过程中认识到了不同文化的差异，对中国传统文化形成一个更加完整的认知。基于此，国际短视频平台呈现中国国家形象需立足中国传统文化本身，通过多元化的创作议题吸引用户的关注。

2. 跨越文化语境障碍，打造世界共通话语空间

在全球化语境的影响下，国家形象传播并不仅仅局限于某个地区或某个国家，而是面向全世界。由于不同国家语言文字、思维方式、文化环境等差异，中国国家形象传播也面临着输出障碍。

TikTok 作为国际短视频平台，2024 年已经拥有超过 20 亿的用户，覆盖 150 多个国家和地区，包括新加坡、马来西亚、菲律宾、越南、日本、中东、泰国、印尼、俄罗斯、美国、巴西、土耳其、英国等。TikTok 平台上 #china#chinese 话题下的视频是其他国家了解中国形象的重要渠道。从本质上讲，国家形象并不是国家自身的，而是由国家之间的互动过程建构的，而国家间的互动过程实质上又是一种跨文化信息传播的过程。虽然不同文化视野中的“异域”空间变得越来越小，但文化差异一直是鲜明且难以消弭的。因此，跨越文化语境障碍，聚焦世界共通的话语空间，对于更好地呈现中国国家形象、传播中国声音具有重要意义。

（1）尊重各国文化差异，用趣味性表达吸引海外用户关注

TikTok 平台在呈现中国国家形象时，应更多关注不同国家的不同语境背景。由于历史文化、地理位置、教育水平等差异，不同国家在对信息的接受方式上也有一定的偏好。因此，TikTok 进行跨文化传播时应充分考虑不同国家的文化语境，发挥短视频平台特有优势，改变传播方式，简化传播内容，避免文化折扣及误读，从而保障跨文化传播效果。TikTok 平台呈现的中国文化形象中，极具中国特色的美食受到了海外用户的追捧和喜爱。一日三餐是一个人生存的基本需求，虽然语言、文化不同，但对于美食的追求是相通的。平台用户通过丰富的镜头语言、

浅显易懂的解说以及欢快愉悦的背景音乐，在视频中展示了一道又一道令人垂涎的中国美食，获得了海外用户的肯定和点赞。除了美食以外，中国服饰、中国功夫、中国话、中国非遗等也通过趣味性的表达方式吸引了一大批海外用户关注，让他们见识到了中国文化的博大精深、源远流长。

视觉文化背景下，大量的视觉信息冲击着用户的眼球，在跨文化传播中如果不能找到世界共通的话语空间，则会直接导致信息解读失败。如果用户无法通过观看短视频理解其中的内涵和意义，甚至和创作者本身想要传达的想法背道而驰，再具有视觉修辞效果的短视频作品也将无法达到它的修辞目的。因此，尊重各国的文化差异，寻找海外用户不同的兴趣点，是跨文化传播至关重要的一步。

（2）由“浅层”走向“深度”，用个性化叙事激发海外用户好奇心

近年来，越来越多海外用户前往中国，深度体验中国生活方式，学习中国语言、汉字以及文化。在TikTok平台上，海外用户通过分享自己在中国生活的日常而备受关注的视频逐年增多。

海外用户通过分享中国话、中国的美食、中国的语言习惯，以及中国人对外国人的态度等，呈现出了一个更加真实的中国国家形象。其他用户在观看视频的过程中能够代入拍摄视频的对象，从动态的视频中获取信息，包括中国的城市面貌、人文关怀以及风景名胜等。

个性化的叙事方式激发了海外用户的好奇心，不同用户能够在观看视频的过程中获取不同的信息，从而对中国产生一个更加完整的认知。TikTok平台上，部分中国用户通过添加字幕、配以英文解说的方式在视频中传递中国价值观念。因此，短视频平台在呈现中国国家形象时需

跨越语境障碍，打造世界共通的话语空间，尊重文化差异，由浅层分析走向深度体验。例如从外国人的视角出发走进“中国家庭”，在传播内容的选择上，一方面聚焦中国美食、中国服饰等接地气的题材，让中国故事更具有“人情味”，这样才能让海外用户感受到这不仅仅是中国故事，更是与自己的生活息息相关；另一方面赋予视频更多的文化内涵，让用户在感受趣味性的同时引发情感共鸣，从而更好地讲好中国故事、传播中国声音。

3. 加强视觉修辞的实际应用，以视听内容丰富用户体验

相比其他修辞方法，视觉修辞更注重对视听话语进行策略性生产，通过刺激用户的视觉和听觉来弥补文字修辞的缺陷。视觉修辞的劝服是一种可跨障碍、调用情感的无意识说服，因此，将视觉修辞运用于呈现中国国家形象的短视频平台中，是当今媒介环境和跨文化传播的必然结果。

TikTok 平台在呈现中国国家形象时，应用了多样化的视觉修辞方式，包括视觉隐喻、视觉转喻、对比修辞等，通过视觉隐喻呈现和谐包容、自信强大的中国形象；通过视觉转喻呈现历史悠久、蒸蒸日上的中国形象；通过对比修辞呈现博大精深、源远流长的中国形象。不同的视觉修辞方式能够达到不同的视觉修辞效果，在同一个视频当中，往往存在两个及两个以上的视觉修辞方式。

TikTok 平台善用视觉修辞，一方面增加了视频本身的趣味性，另一方面消除了文化隔阂，让用户能够从短视频当中获得丰富的信息。中国国家形象对于海外用户是一个较为抽象的概念，视觉修辞可以将抽象的概念具象化，通过一个个具体的中国人、中国家庭让用户感受到一个真

实客观的中国国家形象。因此，短视频平台在呈现中国国家形象时，应加强对视觉修辞的实际应用，通过多样化的视觉修辞方式丰富短视频的内涵，从而吸引更多的海外用户关注中国相关的短视频，提升短视频平台的国际影响力。

（1）语图互文弥合文化差异，字幕与图像配合解读内容

美国学者皮尔斯认为，文字是社会约定俗成的规约符，而图像则是建立在相似性基础上的相似符。相对来说，后者的不确定性更强，因而语言比图像更能统摄“语—图”关系，这种关系被称为构成性互文语境，是当前的主流媒介文本语图叙事的主要特征。

进入短视频时代，用户接受信息的习惯已然改变。在图像时代时，文字便不再占据统摄地位，而短视频的出现又进一步改变了图像与文字的传统关系，大多数时候，文字与图像呈现出一种互动式的结构，共同服务于意义的生产。视觉修辞视野下进行语图关系研究的目的，就是要探索语言和图像在视觉文本中如何相互作用，如何取得更好的修辞效果。TikTok 作为国际短视频平台，面对的是不同国家的用户。在呈现中国文化形象时，由于海外用户不具备中国传统文化知识储备，除了具象化的图像外，还需要配合文字进行说明，这样才能在海外用户脑海中构建一个完整的文化形象。实现不同文化互通、促进不同文明互鉴，不仅要让受众听得见，更要让大家看得懂。例如 @charmingoriental 发布的一条介绍中国泥塑的视频，画面呈现的是泥塑的制作过程以及制作成品。仅凭视频来看，用户并不能看出视频的原材料是什么，也无法理解视频中的行为是为了达到什么样的目的。因此，@charmingoriental 随着画面的变化添加了相应的文字，介绍了泥塑是什么，泥塑来源于什么地方，

以及泥塑是使用什么材料制成的、可以做成什么形态等，帮助用户建立起对中国民间传统的泥塑艺术更清晰、完整的认知。

除了这段视频外，对中国红包的介绍、对中国传统礼仪的展示以及对中国传统习俗的呈现，都采用了文字和图像相互配合的形式，以便更好地将中国的文化传播出去。视觉图像和声音在解码过程中可能会产生多元分歧，而文字可以消除这种不确定性。影像的高信息量弥补了文字的低信息量，文字广阔的想象空间弥补了影像固定化的形象表达。在“语—图”共同体中，“语”和“图”互为补充，向用户传递了更为完整的信息。

（2）视觉语言听觉化表达，借助背景音乐突出内容主体

在 TikTok 平台的官方介绍中，它不仅是“短视频平台”，还是一个“音乐发现应用”。《TikTok2021 音乐年报告》显示，2021 年，共计 430 首歌在 TikTok 的播放量超过 10 亿次，庞大的音乐库成为 TikTok 火爆的助推器。国内外的文化差异往往是互联网产品入驻其他地区的壁垒，但人类对于音乐的感知却是相通的，这也是 TikTok 能在海外走红的重要原因。

在 TikTok 平台与中国国家形象相关的视频中，超过一半的视频添加了配乐。TikTok 兴起以来也带火了不少热门音乐，二者是相辅相成的关系。一方面，音乐作为一种艺术形式对用户来说是一种美的体验，另一方面又是用户自身进行视频创作的素材和基础，这也要求用户对音乐给予足够的关注。

音乐是所有视听语言中作用观众情绪最直接、最强烈的一个元素，不同类型的背景音乐能带给用户不同的心灵感受，从而达到突出内容主

体的目的。高亢激昂的背景音乐通过视觉化表达凸显了蓬勃向上的中国形象，轻松愉悦的背景音乐则通过视觉化表达呈现了和谐包容的中国形象。

人类在日积月累中形成的认知基模，能够迅速对不同种类的音乐做认定。根据视频内容的不同、用户喜好的差异以及TikTok流行趋势的不同，配乐也是因时而变、因人而异的。不同音乐往往能带给人以不同的体验，比如高亢激昂的音乐能带动激动人心的气氛，轻快愉悦的音乐则能使人的身心得到放松。因此，在呈现中国国家形象的视频中加入配乐，可以给用户以身临其境之感，在丰富视听元素的同时，也能够渲染气氛、营造具体场景，实现视觉语言的听觉化表达。

六、总　结

数字技术的飞速发展推动我们进入到新的传播语境当中，与传统媒体时代相比，当前可以用作传播活动的媒介或渠道大为扩展。在传统媒体时代，进行城市传播实践的媒介是常见的广播、电视、报纸、电影、电视等大众传播媒介。进入新的时代，移动互联网这一载体承载了相当多的城市形象传播活动，社交媒体、短视频、网络直播、AI 等新兴媒介都已被用在了城市形象的传播当中。然而，传统媒介和新兴媒介的广泛使用却并没有带来更加深入的思考，不同的传播媒介在城市形象传播领域的应用往往只是被认为多了一个传播渠道和能够抵达更多受众的一种手段，但不同媒介之间的关系如何、它们能够产生怎样的化学反应，在很长一段时间里是被忽略的，这也是媒介融合提出的背景。在实践中，不同传播媒介之间应该怎样协同配合、融合传播，是讨论城市形象“融”媒体传播的一项主要话题。

（一）打造传播矩阵的立体传播策略

城市形象的融媒体传播在于一个“融”字，因此，我们要对媒介的属性和特性作深入的分析和理解。新旧媒体的应用绝不在于物理层面的简单加和，我们要在实践中不断总结，研究怎样将媒介整合才能够使传播效果发生聚变。不同的媒介具有不同的特性，广播、电视、报纸等传统媒体具有雄厚的受众基础以及官方权威性，它们当中有的以理性的文字和图片展示为主，有的配合声画加以传播；而移动互联网传播速度快，利用其进行传播要适应其碎片化、圈层化的特点，受众在海量信息当中对于个别信息的注意力是转瞬即逝的。显而易见，不同媒介具有的不同特性直接导致媒介受众群体的差异、信息接收习惯的差异和使用场景的差异等，所以在不同传播媒介的城市形象传播活动中，要根据媒介特性对其进行优化，采取多样的传播策略。根据媒介的特性传播城市形象的不同侧面，在城市形象传播的不同阶段应用对应的媒介策略，针对不同的场景构建起全方位、立体与融合的城市形象融媒体传播网络。城市形象融媒体传播是一项长期的综合性活动，不同类型的媒介在传播的各阶段、各方面有相应的优势和劣势。例如近两年热门的短视频，用十几秒的时间对城市进行展示，在短时间内想要抓住受众的眼球，需要运用新奇、直观、简练的画面对受众产生视觉上的吸引力。然而，这种传播在深度和全面性上经常是缺失的，受众对一个场景、一种活动产生了直观印象，对一座城市产生了好奇，怎样借此契机深入了解城市背后的文化传承，由点到面对于城市的其他方面有更加全面的感知，这就是传统媒体所具有的长处，由此可见，在目前的实践当中，媒体之间基于各自优势的配合和接续是具有较大进步空间的。

1. 整合传播渠道形成媒介组合

融媒体时代的到来，为城市形象传播带来的巨大变化之一就是可供传播的渠道不再是平面化、单一化的。随着信息技术的发展，传播模式相较于以往大为不同，传播媒介的发展朝着更加细分化和多元化的方向进行，如何合理地利用传播媒介提升城市形象融媒体传播的效果是非常重要的问题。想要构建丰富完整的城市形象，需要根据不同媒介的特点将传播渠道进行整合，因势利导，使城市形象的融媒体传播成为立体式、全方位的传播，这要在传播中对传播媒介进行合理搭配与优化组合，形成城市形象融媒体传播的媒介组合与传播矩阵。进一步地，城市形象的融媒体传播也要拓展媒体运作思路，不同传播媒介之间要形成联动与协作，突破媒介与地域的限制，实现信息能够覆盖更加广域的范围。打造城市形象融媒体传播的媒介组合，要整合可以利用的传播渠道，以此来立体式地展示城市形象。加以整合的媒介包括传统媒体时代的大众传播媒介报纸、电视、广播、杂志、电影等，也包括新型媒介形态或平台包括互联网、移动互联网、两微一端一号、短视频、网络直播等，同时也要包括城市空间中的实体介质包括户外广告、地铁广告、电子显示屏等。这些传播媒介在传播范围、内容形式、即时性、互动性等方面都不尽相同，要立足可以加以使用的媒体资源，优势互补，形成立体的传播矩阵，从而发挥最佳的传播效果。

为了拓展城市形象传播的空间，扩大城市形象融媒体传播的覆盖范围，还要进行跨城市、跨区域的媒体合作，从而能够在区域内形成辐射与吸引，在区域外形成共振与联动，在区域内外的传播都能够对城市的发展起到推动的作用。政府作为资源的协调者也应该主动与新兴媒体平台进行合作，通过举办活动争取传播资源的倾斜，以求达到良好的互动传播效果。

2. 融合传播类型形成网络效应

在传统媒体时代，用来进行城市形象传播的大都是大众媒体，这一思维的惯性延续到了融媒体时代。虽然大量新兴媒介被加以使用，但是它们的大众传播属性是人们的主要关注目标。对于城市形象融媒体传播来说，大众传播经常被默认为是它所包含的唯一传播类型，然而对城市形象传播来说，大众传播之外的其他传播类型同样可以起到辅助和补充作用。因此在传播实践中，应当关注到多种传播类型的存在，形成多种传播类型互相印证、互相补充的格局，把握传播的主导权。

人际传播在城市形象融媒体传播中经常与大众传播杂糅存在，为了形成良好的城市形象，在很大程度上需要通过人际传播积累好的口碑，人际传播本身也是其他传播活动的基础。人际传播不仅可以为人们提供了解城市的动机，对于信息的解读也具有影响作用。为了实现良好的口碑传播，要注重在城市形象传播中有影响力的“关键传播者”，他们在人际传播当中十分活跃，通过为他人提供信息和解读信息来施加影响。这些人的身份也很多元，他们可能是政府官员，也可能是社会名人，还有可能是专家学者或者是企业家等，他们的言论对城市形象传播起到重要作用，要积极与他们联系和沟通，鼓励他们发挥积极作用。同样，作为城市内部公众的市民，他们的风貌与言行也承载了城市形象的展现，也要将市民动员起来参与城市形象融媒体传播。

群体传播同样也在城市形象融媒体传播当中与其他传播类型共存。在互联网上存在着一些城市论坛、城市贴吧等网络社群，这些社群中的成员用彼此熟悉的话语交流着共同感兴趣的话题，他们还会制定用于社群管理的规则，在规则下对成员进行分级与分类，也会涌现出“关键传播者”。这些社群对于城市的某一方面话题加以关注，在彼此交流过程中也会影响到城市形象的建构，同样在这些信息当中也有可供城市决策者参考的建议与意见。

（二）构筑传播空间的场景传播策略

1. 节庆赛事展现城市风貌

时间和空间是人类生存也是传播媒介的两大维度。从古至今人们对于时空的认知在不断发生变化，而人们总是更加注意时间的意义，对空间在历史进程中的进程有所忽视。20 世纪中后期，人文社会科学研究者把目光转向了空间，学术界出现了“空间转向”的思潮。传统的城市形象传播研究深受芝加哥学派的影响，将城市与媒体作为一种二元对立的主体与客体关系，随着研究的进展，学者认为应该积极探索空间为城市传播开辟的可能性。因此，传播学也开始重视空间的意义。

从空间传播的意义上来说，节庆赛事活动可以被认为是城市形象传播的媒介之一。节庆赛事是城市举办的实体活动，构建了综合展现城市的风貌、体现城市的软硬实力、文化活力的传播空间。节庆赛事活动的内容非常丰富，有学者将其总结为文化庆典、文艺娱乐事件、商贸及会展、体育赛事、教育科学事件、休闲事件、政治政府事件、私人事件等类型。

节庆赛事活动可以作为媒介事件吸引到更多的传播资源，以此为契机展现城市精神、提升城市形象，更重要的是，节庆赛事活动构建了实体空间，以这一空间为媒介，构建起城市与受众之间的联系。这得益于信息化技术生产出新的城市空间形态：仿真空间、信息空间和数字空间。随着媒介与城市的高度融入，新媒体不再仅限于再现与表征城市，而是促进新感知与认知模式的形成，形塑新型城市活动的形式与地点。

当前新一线城市热衷于打造和举办各种节庆赛事活动，比如近几年很多新一线城市都举办了马拉松赛事，在这样的风潮之下要将关注的重点放在怎样打造优质精品的节庆赛事活动上，要使城市举办的节庆赛事活动具有较高的含金量，与其他城市所办的活动形成差异化，能够体现城市的风貌与特色，还要能够形成一定的规模并持续举办，确保投入的资源能够获得回报；同时，要探索空间传播的模式，积极使用先进的信息技术，构建受众的“在场感”，全面立体地呈现活动。

2. 影视音乐构筑空间想象

当前，被一些新一线城市实践并证明具有成效的城市形象融媒体传播方式包括将城市形象通过电影、电视剧和音乐进行传播，这是一种软性传播的方式。它的内容本身并不是为了单一地进行城市形象传播，但是却能够在事实上在受众心目中形成对于城市的印象，这是通过构建场景传播实现的。在影视剧和音乐当中，城市是作为情节展开的背景出现的，因为它不是专门承担城市形象传播任务的内容，所以避免了城市形象广告中可能出现的生硬与空洞和城市形象元素的简单罗列与堆砌，对城市风貌的展现也都和情节相关，非常自然地展现了城市的形象。虽然影视剧和音乐作品是为了展现其中的情节，但是城市与情节相互交融，受众通过这些作品对城市产生了空间想象，城市不仅作为一个单调的地域存在于受众的心目当中，而是一个与情感、故事相结合的存在。

几年前，一首《成都》不仅引起了成都本地人的共鸣，也将去过成都的民众的记忆唤醒，同时也引起了还未去过成都的人的憧憬和想象，于是歌词中提到的玉林路，也从一条承载个人记忆的普通街道成为游客的热门打卡地。受众期待在那里体会歌中故事带给他们的感动，于是这条街道的表征意义从个人记忆上升到了无数人的情感共鸣。

谈到对影视的利用，重庆是一座表现非常突出的城市，近几年有多部影视剧在重庆取景。由于重庆独特的地理特点而呈现出的具有层次感的视觉表现，吸引了影视从业者的目光，而重庆当地也积极接洽，为影视剧拍摄提供便利，从而吸引了更多从业者来到重庆取景、拍摄。这些电影的热映也带动了重庆一些地方成为游客的热门打卡地。吸引游客的不仅是这些空间本身，在这些空间中演绎的剧情、发生的故事，这些空间所附带的气质与被寄托的情感，才是吸引游客到访的主要因素。

（三）融媒体传播的思考和优化

新一线城市形象融媒体传播已经有了一定的实践，总结以往和现有的传播活动，既有宝贵的经验，同时也有突出的问题亟待思考和优化。新一线城市自身战略定位与形象定位的更新未能及时体现在城市形象融媒体传播实践中，传播的思维定势与管理方法未能完全地由传统媒体时代转变到融媒体时代，这些矛盾都给新一线城市形象融媒体传播策略带来了一些亟待探索与解决的问题。

1. 生产与分发层面新旧媒体互动协同不足

进入融媒体时代，传播模式相较于传统媒体时代有着很大的不同，而城市形象的融媒体传播自然无法摆脱这一变化的逻辑，城市形象的融媒体传播既面临共性的问题同样也有其特有的问题。对于新一线城市形象传播来说，其传播内容的生产与分发模式的变化是融媒体传播带来的一大挑战。新闻信息的融媒体传播在最近几年取得了丰富的成果，国际传播中心、县级融媒体中心建设如火如荼，各级媒体在新闻内容的采集、制作与分发流程中进行探索并积累了丰富经验。由此可见，内容生产与分发模式的构建是信息融媒体传播的一个核心话题，从这一层面观察新一线城市形象融媒体传播，与新闻信息的融媒体传播并不完全相同。首先，城市形象融媒体传播的主导者是城市政府而不在媒体本身；其次，参与内容生产的主体更为多元，这就造成了城市形象融媒体传播的结构较为松散，缺乏中心化的生产与分发机制，不同媒体在传播中的作用以及如何协同作用尚未足够明晰。

在当前的城市形象融媒体传播实践当中，可以很明显地观察到这一问题的存在。官方所制作的内容往往在新媒体渠道难以形成大的声量、大的流量，而在新媒体平台得到关注的城市形象相关内容又缺乏传统媒体的及时跟进或引导再生产，因此往往展现出“各说各话”的局面。相对于新闻传播而言，城市形象的融媒体传播更像是一盘散沙，主导者的影响力没有充分体现出来，公众发挥创造力所创造的内容与话题也无法被吸收发挥更大的价值，不同媒体渠道的城市形象相关内容也缺乏一致性与融合性。政府的主导作用体现在城市定位与资源整合上。多元主体具有丰富的创造力，只有在城市形象融媒体传播内容生产与分发的模式上进行探索，充分发挥不同媒体各自的优势，在新旧媒体之间形成互动与协同机制，才能够取得更好的传播效果，也能够充分体现“融媒体”的精髓所在。

2. 在监测与管理层面城市政府主导权的缺位

城市形象融媒体传播有多元主体的参与，而其中作为主导者的城市政府对于自身所应发挥的作用与承担的职责还未有足够清晰的认知。由于思维与行为方式存在惯性，对于进入融媒体时代的城市形象传播活动，城市政府往往沿袭传统媒体时代的习惯，把大部分注意力放在自身之上，对于其他主体缺乏关注与引导。城市政府习惯于将自身的作用倾注于整个传播活动的前段，对于中后段未给予重视，也因此造成政府的主导作用没有能够贯穿整个传播过程，甚至在很多时候处于缺位状态。

传播主体之一的政府在城市形象传播中发挥着极大作用，它们会动用多种资源制作传播内容并在媒体进行投放，但对于其他传播主体的关注和引导却没有形成一种延续性的常规机制。新一线城市政府已经意识到，公众的积极参与对于城市形象传播如何产生更加丰富的内容、更广阔的声量以及更好的说服效果有着正向的推动作用，一些城市政府也和公众使用较多的新媒体平台形成合作，例如，西安市最早与抖音短视频签订协议推介城市形象旅游资源，鼓励网民创作相关作品，并开展挑战赛等提高活动的影响力。然而，对于公众的创作内容以及传播活动产生的效果，城市政府却缺少足够的引导与监测，这样就使得城市形象融媒体传播无法沿着一条清晰的链路进行下去，导致传播活动的“虎头蛇尾”，这其实就凸显了思维更新的重要性。在传统媒体时代，传播内容投放之后无法得到清晰的反馈，而融媒体时代很多传播数据都可以通过量化来评估传播效果。对城市形象相关内容的传播数据进行分析与挖掘可以获得很有意义的结果，这对于城市形象传播工作的提升是一个不断改进与优化的过程。传统媒体时代城市形象传播主体的单一使得政府经常忽略对于公众参与的引导，在实践中不仅要鼓励公众的积极参与，更需要把握传播的主导权，发挥自身城市形象定义者和话题推动者的作用，对传播活动进行监测与管理，确保城市形象融媒体传播获得良好的正面效果。

3. 区域形象辐射带动作用发挥不充分

新一线城市之间虽然存在多种差异，但由于它们是在同一评价体系中评选出来的，因此也具有很多相同的面向，比如具有较强的经济实力、便利的交通以及区域内影响力等。在新型城镇化建设推进过程中，新一线城市本身承担了更多责任，这促使它们在城市发展过程中要更好地发挥自身作为区域重点城市作用，带动辐射区域内其他地方协同发展。在当前的新一线城市形象融媒体传播实践当中，相当一部分城市在城市形象传播中表现了自身作为区域重要节点城市的地位，但是在城市与区域之间的关系、城市对于区域发展的意义、城市形象和区域整体形象彼此之间的关系等方面却依然没有得到充分的体现。

传统媒体时代向融媒体时代转变的速度很快，以至于人们的认知和行为方式都要与持续的变化亦步亦趋。在这样的快速发展趋势之下，新情况与新问题的出现是正常的，因此要及时地进行总结与反思，并从中找到可以优化的方向。

4. 建立“中心—众包—协同”的生产与分发机制

新一线城市的形象传播由传统媒体时代进入融媒体时代，传播模式与流程被重塑，内容生产方式的再造对于城市形象传播在新环境下的提升与优化具有显著意义。内容生产与分发方式的转变主要受到两个因素的影响：一是传播主体的多元化，二是传播渠道的拓展。传播主体之一的城市政府作为城市形象融媒体传播的主导者，应当树立自身在传播活动的中心地位，在内容生产与分发阶段，政府作为中心要承担起对应的责任。政府在城市形象的定位中起着主导性的作用，同时也掌握着传统媒体与新媒体平台的官方发布渠道，因此政府自身可以进行内容生产，官方制作的城市形象广告或短片就属于这一范畴。然而，融媒体时代的内容生产主体不止包含政府，其他主体同样也在进行内容生产，尤其是规模庞大的社会公众，其生产的内容在数量上占据相当的优势。对此，政府则应该起到引导与推动作用，根据制定的传播规划确定一段时间内的传播重点，或者通过用户调研发现受众的兴趣点，将创作主题或话题投放于媒体，引导公众进行内容生产，形成一种“众包”式的内容生产机制——在政府为中心的主导下，多元主体可以同时开展内容生产，政府提供创作主题供公众进行充分创作，同时可以制造与推动话题吸引受众的注意力。

在内容分发上要使新旧媒体充分地起到协同的作用，传统媒体更加专业与严肃，新媒体平台更加多元与即时。同一主题可以有不同的表现形式，可以在不同的媒体平台生产出适应其受众的内容，新旧媒体的协同可以使传播主题获得更大的声量，引起更多的关注。新媒体平台的信息更加碎片化，例如短视频平台以“短”为特点，时长过长的内容很难抓人眼球，获得良好的传播效果，这就注定以短视频形式的展示片面化；传统媒体则以深度见长，可以承接短视频带来的关注度，做更加深入的阐释。此外，新媒体平台的数据和舆情监测为传播主体带来了更加直观的信息，政府通过与其合作可以获得与城市形象相关信息的数据，既可以为传统媒体提供参考，也可以进一步优化内容生产。

5. 深化政府对传播全流程的管理与主导

政府作为城市形象融媒体传播的主导者，在融媒体传播的环境下，在一些阶段的管理上是缺失的。因此，要通过对城市形象融媒体传播流程进行梳理，建立起政府对于传播活动全流程的管理机制，牢牢把握传播的主导权。政府重点要在两个方面深化自身的管理职能：一是在内容生产方面，主要是针对以公众为主体的内容创作。这里所说的管理并不是对传播内容是否违规违法进行判别，而是对公众创作内容进行分析研判，以此对自身投放话题是否引起公众创作的兴趣产生判断，同时也可以从中发现公众感兴趣的内容，为自身的内容生产或其他媒体的协同配合提供素材，这相当于舆情监测的工作。二是在传播效果监测以及数据分析方面。政府要与商业平台进行合作，对城市形象传播内容投放之后的效果进行监测与评估，通过浏览量、点赞等数据可以直观地反映出内容的覆盖面、触达率，对评论进行内容分析也能够了解受众对于传播活动的评价与态度。每个城市的数据对于平台来说并没有特别的意义，但是对于城市政府优化传播规划与内容则具有现实指导价值。所以，政府要在城市形象融媒体传播全流程深化管理并把握主导权，确保传播活动在合理的轨道内运行，并对传播活动进展情况进行跟进与掌控。

6. 将城市形象传播与区域发展有机融合

在新型城镇化建设推进的过程中，国家大力推进城市群与都市圈的发展，大城市的辐射带动作用成为推进城镇布局优化的重要抓手，一线城市已经进入稳定发展期，对于全国的经济发展具有相当的辐射力。新一线城市均为区域内重要的节点城市，且正处于上升发展期，已经成为未来一个阶段中国城市化发展的领头兵，媒体对于新一线城市的政策与行动也投以相当的关注。新一线城市形象融媒体传播活动在于提升城市的综合实力，新一线城市竞争力的提升与区域发展是相辅相成的，因此将城市形象传播活动融入区域整体形象的提升与区域发展是很有必要的。受众对于城市的印象往往比对区域的印象更加清晰，因此新一线城市的良好形象对于区域整体形象的提升具有积极、正面的作用。新一线城市在城市形象传播中要将自身与区域之间的关系对外进行阐述，将城市在区域中的地位与作用、城市与区域的资源优势进行充分展示，这对于吸引人才、投资等是一个说服的过程。此外，新一线城市也要将区域的发展前景与城市的政策和规划充分地进行阐释。例如，很多新一线城市都推出了人才引进落户政策，区域内也有创新创业的政策扶持等，这些都应以适当的形式加以充分说明。

总之，新一线城市在新时期的城市形象传播活动要将区域发展的因素融入其中，将城市与区域的蓝图与前景、发展规划与政策、基础设施建设等充分对外进行阐述，联动区域内的其他资源，以此提升新一线城市形象的辐射带动力。进入融媒体时代，传播环境相较于以往大为不同，为了提升传播效果，新一线城市需要提出适应时代发展的传播策略，从思维到做法积极转变。

第一，在传播主体策略方面。融媒体时代的显要特征之一就是多元传播主体参与到传播活动当中，因此应当形成由政府主导、多元主体参与的协同传播局面；政府应当发挥积极作用，牵头对城市特质或精神进行大讨论，同时包容多元化的表达方式；不仅要提升自我表征的水平，也要对城市外部主体的“他者”形象进行回应与吸纳，共同塑造良好的城市形象。

第二，在传播内容策略方面。应当建立城市形象融媒体传播信息资源库，对城市符号进行挖掘与系统的整理，打造具有辨识度的IP形象，同时在专业机构的参与下建立城市形象识别体系；在内容创作的叙事上，既要包含传统的严肃与宏大，也要积极采用后现代化的叙事方法，从平民视角出发，运用故事化的表达方法，以小见大地反映城市面貌；在内容的分发上，积极利用信息技术确立更加明确的用户画像，在算法机制的辅助下进行精准传播。

第三，在传播媒介策略方面。传播渠道的丰富也是融媒体时代的一大显著特点，新一线城市形象融媒体传播也应当将各种传播渠道进行整合，发挥多元主体的参与优势形成立体传播的格局；信息技术的发展使虚拟空间与现实空间发生交融，各传播媒体要积极构建城市形象传播场景，以身临其境的体验感提升传播效果，为受众提供想象空间。

参考文献

[1] 张芳婷，谢明慧 . 国家形象视域下北京冬奥会形象景观传播策略研究 [J]. 新闻研究导刊，2023，14（12）：37–40.

[2] 王竹君，赵凤玲 . 国家形象视域下主流媒体“双碳”议题国际传播研究 [J]. 新闻爱好者，2023（06）：67–69.DOI：10.16017/j.cnki.xwahz.2023.06.017.

[3] 雷羽，电视新闻编辑工作在新媒体环境下的发展探讨 [J]. 新闻文化建设，2022（06）：98–100.

[4] 杨程润 . 新媒体环境下电视新闻编辑与传播效果 [J]. 西部广播电视，2022（06）：56–58.

[5] 解东达，李晓梅 . 浅谈新媒体时代电视新闻的采编策略 [J]. 记者摇篮，2022（03）：108–110.

[6] 孙千惠，梁茜 . 跨文化视域下中国大学生传播国家形象的路径探究 [J]. 南方论刊，2023（04）：81–83.

[7] 黄秀秀 . 国家形象塑造视域下文化符号传播对比分析：以 2008 年北京奥运会和 2022 年北京冬奥会开幕式为例 [J]. 新闻研究导刊，2023，14（06）：31–33.

[8] 张琳，赵红艳 . 新媒体背景下电视新闻评论节目的突围之策 [J]. 哈尔滨师范大学社会科学学报，2022（03）；158–163.

[9] 李靖，新媒体时代电视新闻记者采访形式的创新之路 [J]. 西部广播

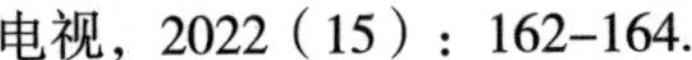
电视，2022（15）：162–164.

[10] 袁丽媛，王晓雨．中华文明国际传播视域下主流媒体构建中国叙事体系的实践探索：以党的二十大报道为例 [J]. 新闻爱好者，2023（01）：24–26.

[11] 黄蕙．战略传播视域下的文博业国际传播叙事体系构建及路径研究：以故宫博物院为例 [J]. 云南社会科学，2023（01）：164–169.

[12] 李卫华．文化自信视域下的国家形象建构与传播：以政论纪录片《厉害了，我的国》为例 [J]. 大众文艺，2022（23）：226–228.

[13] 李彪．文化折扣视域下的国家形象片传播效果研究：基于认知神经科学的实验手段 [J]. 中华文化海外传播研究，2022（02）：36–47.

[14] 邢丽菊，赵婧．南南合作视域下的中国国家形象传播：以应对气候变化为例 [J]. 现代国际关系，2022（11）：51–58+60.

[15] 陶心玮．“开放包容”国家形象传播视域下大运河知识谱系的符号生产研究 [J]. 东南传播，2022（08）：107–111.

[16] 李龙锐．政治传播的话语实践：多模态话语分析视域下外宣纪录片对国家形象的构建与传达 [J]. 科技传播，2022，14（14）：56–61.

[17] 杨丽雅，莫亚茹．国家形象视域下北京冬奥会故事传播策略研究 [J]. 视听，2022（07）：176–178.

[18] 岳冠璞．跨文化形象学视域下文化展演的传播折扣与国家形象构建 [J]. 科技传播，2022，14（12）：81–84.

[19] 李靖，新媒体时代电视新闻记者采访形式的创新之路 [J]. 西部广播电视，2022（15）：162–164.

[20] 王悦民．新媒体快速发展环境下电视新闻如何破圈 [J]. 记者观察，

2022（21）：103–105.

[21] 李宜善，吴海燕，孟磊 . 跨文化传播视域下中国历史文化国际传播 [J]. 新闻前哨，2022（08）：16–17.

[22] 王润珏，张若溪 . 国际传播视域下的航天故事讲述与国家形象塑造：基于 CGTN 的实践经验 [J]. 电视研究，2022（04）：71–73.

[23] 向艳丽，葛梦菲 . 跨文化传播视域下主旋律电影对国家形象的建构与传播：以《我和我的祖国》为例 [J]. 电影评介，2022（06）：55–58.

[24] 罗彬彬 . 网络文化传播视域下中国形象创新传播研究 [J]. 文化学刊，2021（11）：98–100.

[25] 张爱军，贾璐 . 互联网视域下的国家形象建构 [J]. 南京理工大学学报（社会科学版），2021，34（04）：57–64.

[26] 高艺轩 . 新媒体时代电视新闻编辑理念的嬗变与创新 [J]. 新闻研究导刊，2022（20）：52–54.

[27] 乔鹏 . 新媒体时代电视新闻节目存在困境及发展对策分析 [J]. 新闻研究导刊，2022（20）：169–171.

[28] 张伟 . 电视新闻采编转型策略探究 [J]. 采写编，2022（10）：41–43.

[29] 梁启安 . 新媒体语境下电视新闻报道策略探析 [J]. 新闻文化建设，2022（18）：116–118.

[30] 柳清依 . 新媒体背景下电视新闻编辑应具备的创新策路 [J]. 中国有线电视，2022（09）：83–85.